Pocket Drink Guide
HOKKAIDO

Pocket Drink Guide
HOKKAIDO

홋카이도 편

정보연 지음

모요사

Letter from Hokkaido

일과 일 사이, 가장 가까운 나라 일본으로 짧은 휴식과 새로운 영감을 찾아 떠납니다. 특히 애주가라면 일본은 더없이 매력적인 여행지입니다. 지역마다 개성 있는 술이 자리 잡았고, 일찍이 마니아 문화가 형성되어 다양한 술을 접할 수 있죠. 무엇보다 한국에 비해 주세가 낮아서 비교적 합리적인 가격에 좋은 술을 맛볼 수 있다는 장점도 있습니다. 인구가 밀집된 도쿄 같은 대도시에서는 세련된 큐레이션이 가미된 새로운 브랜드의 술을 만나는 즐거움도 크지요.

사실 술을 만드는 기본 원리는 간단합니다. 주재료에서 당분을 알코올로 치환하는 과정이니까요. 대개 그 지역에서 경작되는 곡물이나 과일로 만듭니다. 그러나 그 과정을 들여다보면 이야기는 훨씬 복잡해집니다. 주조酒造는 농학이자 토양학이며, 기상학입니다. 여기에 발효 과정을 거치니 미생물학이라고도 할 수 있겠죠. 한편 술은 문화이자 탐구해야 할 학문이기도 해서 인류가 쌓아온 총체적인 지식의 결정체이기도 합니다.

그래서인지 술을 공부하고 빠져들수록 생산자들의 철학이 점점 더 중요하게 느껴집니다. 생산자의 캐릭터를 머릿속으로 그려보는 것도 큰 의미가 있다고 생각합니다. 생산자의 인생을 알면 그가 만든 술이 조금 더 입체적으로 보일 거라고 믿기 때문이죠. 생산자의 철학과 만나면 술의 향미는 단순한 맛을 넘어 무한대로 확장됩니다.

이번 '포켓 드링크 가이드'에서는 홋카이도 생산자들의 이야기를 들려드리려 합니다. '일본의 부엌'으로 불리는 홋카이도, 그 드넓은 땅과 풍요로운 자연이 만들어낸 술의 원형을 찾아 떠난 여정이죠. 맥주, 사케, 와인, 위스키 등 장르도 다양합니다. 술이 탄생한 생산지를 직접 걸어보고, 때로는 생산자와 깊은 이야기를 나누기도 했습니다.

사회적인 측면에서 보면, 술은 특정 지역과 국가를 묶어주는 '문화적 정체성'으로 기능합니다. 여행지에서 현지의 음식을 맛보고 그 지역의 술을 곁들이다 보면, 그곳의 맛은 물론이고 사람들의 마음까지 알 것 같은 기분이 듭니다. 함께 술의 향미를 즐기는 사람에게선 문화적인 친밀감을 느끼기도 하고요.

저와 함께하는 이 여정을 통해, 술 한 잔에 깃든 땅의 숨결, 사람의 온기, 시간의 결이 고스란히 전해지면 좋겠습니다. 그리고 언젠가 한 잔의 술이, 문득 삶을 환기하는 계기가 되기를 진심으로 바랍니다.

2025년 가을
정보연

Hokkaido Drink Guide Map

노토로곶
아바시리

앗케시

오비히로

차례

Letter from Hokkaido	4
Hokkaido Drink Guide Map	6

History
구글맵 없이도 가능, 삿포로에서 길 찾기 쉬운 이유	14
일본의 부엌, 홋카이도에서는 북극성을 찾아요	18
애주가의 숙소, 스스키노	21

Beer
눈 속에서 만난 개척자의 맥주	24
징기스칸과 오타루 맥주	32
미쉐린 스타 레스토랑에서 만드는 맥주	36
홍차 가게의 맥주	42
쇄빙선에서 유빙을 감상하며 마시는 맥주	46
Hidden Spot 쇄빙선을 타지 않고도 유빙을 가까이 볼 수 있는 곳	53

Sake
백 년 된 문화재 공간에서 마시는 사케	56
사케 양조장에서 운영하는 사케 바	70
북쪽을 대표하는 국주	76
홋카이도 식재료 페어링의 완성	82
대학교 캠퍼스 안에 있는 사케 양조장	88
피트가 들어간 온천수와 료칸에서 만난 사케	102

120년 전 양조장에서 만난 빙설 숙성 사케	112
가이세키 요리점에서 만난 홋카이도 사케	122
Hidden Shop　사케는 어디에서 구매하면 좋을까?	129

Wine

일본에서 와이너리 투어를, 요이치의 와이너리	132
일곱 종의 과일나무가 자라는 땅에서 만드는 와인	136
Hidden Spot　할머니와 할아버지의 손맛, 요이치 식재료로 만든 피자와 파스타	147
Hidden Spot　요이치 지역 와인을 한자리에서	149
피노그리만 생산하는 도멘	150
interview　　생산자와 함께 걷는 와이너리 산책	152
요이치에서 가장 오래된 와이너리	160
커피 회사에서 만드는 와인	164
홋카이도의 와인 실험실	170
Hidden Shop　부르고뉴부터 홋카이도 와인까지	174
Hidden Shop　70년 넘게 운영하고 있는 오비히로의 와인 숍	175

Whisky

스코틀랜드보다 더 스코틀랜드답게	178
Master Class　오자키 히로미의 오픈 세미나	193
백 년 사케 회사에서 만드는 위스키	198
낮에 위스키 테이스팅하기 좋은 곳	214
요이치 위스키의 진수를 만날 수 있는 바	216
Hidden Event　홋카이도 위스키 페스티벌	225
Hidden Shop　이곳에서만 살 수 있는 한정판 위스키	231

Coffee

호텔 조식 대신 여기 커피	234
시장에서 즐기는 커피	236
챔피언이 만드는 스페셜티 커피	238
여름에만 여는 카페	240
미술관에서 만나는 스페셜티 커피	244
유빙을 감상하고 마시는 커피	250
흰수염 폭포와 몸을 녹이는 커피	252

Bar & Restaurant

삿포로에서 한 군데의 바를 갈 시간밖에 없다면	258
한 달에 엿새만 오픈하는 바	262
홋카이도를 한 잔에 담은 칵테일	264
삿포로의 몰트 전문 바	267
연륜 있는 소믈리에를 만날 수 있는 곳	271
럼만 취급하는 괴짜 미남 사장님	280
수프 카레와 삿포로 맥주	285
낮에는 와인 카페, 밤에는 야키토리 집	288
야키토리를 제대로 맛보고 싶다면	292
재첩 육수로 만든 해장 라멘	296
일본 도자기의 정수를 만날 수 있는 와인 바	298
차원이 다른 홋카이도 스시 집	302
3스타 레스토랑에서 운영하는 브런치 집	306
재즈 뮤지션의 아내가 운영하는 재즈 바	310
지역 와인을 무료로 맛볼 수 있는 호텔	312
치킨에는 어떤 맥주가 좋을까?	314
사슴 고기로 만든 버거	316

신선한 해산물과 삿포로 맥주	318
요이치에서는 과일 소르베를!	320
현대적인 스타일의 징기스칸 레스토랑	322

Shopping & Festival

홋카이도 식재료를 원스톱 쇼핑하기 좋은 곳	326
홋카이도에서 요리를 한다면, 장보기 좋은 곳	327
홋카이도 해산물 전문 시장	328
삿포로에서 만난 프랑스식 샤퀴테리	329
홋카이도 치즈 전문점	330
커피 전문점에서 만나는 간식과 와인	331
시음하고 구매하는 술	332
갓 짜낸 우유를 만날 수 있는 곳	333
큐레이션이 다정한 시리베시 특산점	334
물 마시러 가는 두부집	335
편의점과 레스토랑 그 사이	336
오타루 유리 공예 거리	337
렉서스가 선택한 공예 작가, 기무라 나오키	339
미쓰코시 백화점의 크리스털 큐레이션	342
세컨드핸즈 숍에서 만나는 바카라 크리스털	343
주말에는 오도리 공원에서 페스티벌을 즐기자	344
Hidden Event 삿포로의 대표적인 축제	347

Epilogue	350

History

구글맵 없이도 가능, 삿포로에서 길 찾기 쉬운 이유

홋카이도가 '에조치'라고 불리던 1868년까지는 선주민인 아이누족이 주로 살고 있었다. 홋카이도의 도청 소재지가 있는 삿포로는 1869년에 본격적으로 개척되기 시작했다. 이때 메이지 유신으로 일자리를 잃은 사무라이들이 많이 이주했다고 한다. 또 러시아의 남하 정책을 경계할 목적으로 일본 영토에 '홋카이도'라는 이름으로 정식 편입시키며 개척에 서둘렀다. 근대화에 빼놓을 수 없는 석탄, 목재, 유황처럼 풍부한 천연자원을 개발하려는 목적도 컸다. 섬 원주민이 거주하던 영토를 공식 병합해 일본으로 식민화한 홋카이도는 일본이 제국주의로 나아가는 전조로 볼 수 있다.

일본의 행정구역 분류인 도도부현 47개 중에 가장 면적이 넓은 곳이 바로 홋카이도다. 홋카이도의 면적은 우리나라 면적의 약 83%에 달할 정도로 큰 편이다. 삿포로 시에서 최북단에 위치한 왓카나이 시까지는 편도로 5시간 이상 걸릴 정도로 거리가 멀다. 인구는 그에 비해 약 506만 명(2024년 기준)으로 적은 편이다. 또 홋카이도 인구의 절반 이상이 삿포로 시와 그 근교에 살고 있다.

삿포로의 지명은 아이누어 '삿 포로 sat poro', '사리 포로 펫 Sari poro pet' 등에서 유래했는데, '삿'은 메마른 것, '포로'는 큰 것, '펫'은 강이라는 의미로, 삿포로는 '메마른 큰 강'을 뜻한다. 큰 강은 삿포로 시내를 흐르는 이시카리 강의 지류인 도요히라 강을 가리킨다. 당시 북방 탐험가로 활동했던 마쓰우라 다케시로는 삿포로에 부^府(관청)의 설치를 추진했다. 이 강을 끼고 발달한 평탄하고 넓은 브채꼴 모양의 땅이 도시로 개발하기에 적합했기 때문이다.

삿포로를 한 번이라도 방문한 사람이라면, 금세 이 도시가 익숙하게 느껴진다. 무엇보다도 길을 찾기 쉽기 때문이다. 삿포로 개척의 아버지라 불리는 시마 요시타케는 삿포로를 개척의 중심지로 정하고, 교토를 참고해 삿포로의 시가지 구획을 바둑판 모양으로 계획했다. 동서로 뻗은 큰길을 기준으로 그보다 북쪽은 '기타^北조', 남쪽을 '미나미^南조'로 표기한다. 소세이 강을 중심으로 동쪽을 '히가시^東초메', 서쪽을 '니시^西초메'라고 표기한다. 이러한 주소는 각 교차점의 신호등 옆에 표시되는데, '기타3, 히가시4' 이런 식으로 표기한다. 뉴욕의 스트리트^{Street}와 애비뉴^{Avenue}의 개념처럼 말이다.

개척 시기에는 하코다테와 삿포로를 잇는 삿포로 본도, 삿포로와 오타루를 잇는 시리베시도 등의 주요 도로가, 1880년대 말에는 데미야(현재의 오타루 시)와 삿포로를 잇는 호로나이 철도가 부분적으로 개통된다. 구로다 기요타카는 1881년 '개척사^{開拓使} 10년 계획'의 만료와 더불어 개척 사업의 지속을 위해 관영 공장을 민영화하려고 했다. 그러나 당시 여론의 반발에 부딪혀 매각이 중지된다. 이 사건이 발단이 되어 메이지 14년(1881년)의 정변이 발생해 민영화에 반대했던 오쿠마 시게노부가 정적인 이토 히로부미에 의해 국회에서 추방된다. 그리고 이 사건에 휘말리게 된 개척사는 이듬해 폐지되었고, 홋카이도는 삿포로 현, 하코다테 현, 네무로 현으로 분할되었다. 1886년 세 현으로 나뉘었던 홋카이도는 홋카이도청이 설치되면서 통합되었다.

1922년에는 홋카이도에 시제가 실시되면서 삿포로는 하코다테와 함께 시로 승격된다. 1940년에는 인구가 20만 명을 넘으면서 하코다테 시를 앞질렀고, 이후 도내에서 인구수 1위를 지키고 있다. 제2차 세계대전 이후인 1972년에는 삿포로에서 아시아 최초로 동계 올림픽이 열렸다. 올림픽 개최를 준비할 당시, 지하철과 지하도 등을 정비하면서 현재 삿포로 시의 모습을 갖추게 되었다.

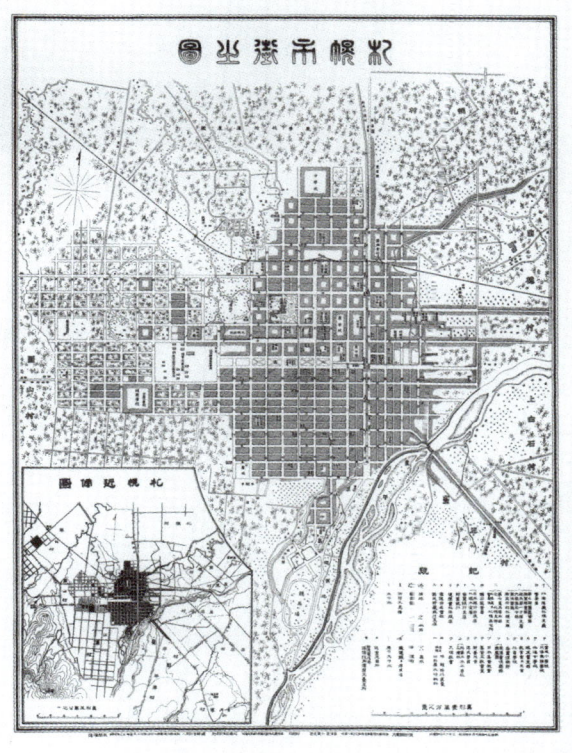

〈삿포로 시가지도(札幌市街之圖)〉, 1901년, 혼마 세이조(本間精造) 제작, 지치도 간행, 삿포로 시 중앙도서관 기증본.

일본의 부엌, 홋카이도에서는 북극성을 찾아요

현재 '일본의 부엌'이라고 불릴 정도로 홋카이도의 농산물과 축산물, 해산물은 양질의 방대한 생산량을 자랑한다. 오늘날처럼 효율적인 농업 및 축산업 기술을 도입하기 위해, 당시 미국의 농무장관 호레이스 캐프런을 홋카이도 개척사의 고문으로 초빙했다. 또 삿포로 농학교에는 미국 농학자인 윌리엄 스미스 클라크 박사가 초빙되어 신기술과 함께 서구식 생활양식이 도입된다. 그 영향으로 삿포로 시 시계탑으로 불리는 삿포로 농학교 연무장 같은 미국식 목조 건축물도 다수 남아 있다. 1878년에 지어진 시계탑은 지금도 매시간 정시에 종을 울리며 삿포로를 찾는 많은 관광객들의 포토 스폿으로 자리 잡았다.(시계탑 아래의 붉은 별을 찾아보자.)

'붉은 벽돌 청사'라는 별명이 붙은 홋카이도의 옛 본청도 1888년 미국풍의 네오바로크 건축 양식으로 지어졌다. 이 청사를 자세히 관찰하면, 곳곳에 붉은 별 모양이 눈에 띈다. '북진北辰'이라는 의미로, 이 북극성은 홋카이도 개척과 관련된 곳에서 더 많이 확인할 수 있다. 삿포로 맥주의 로고에서도 볼 수 있는 별 역시 개척의 시대를 의미하는 북극성이다.

1874년에 구로다 기요타카가 '개척사 10년 계획'을 실행할 때, 소세이 강의 동쪽 관용지에는 삿포로 제작장을 짓고 기계 제재, 단조, 주조, 목공 등 각종 설비를 정비했다. 삿포로 제작장 인근에는 홋카이도에서 수확한 채소와 보리 등 작물을 가공할 수 있는 관영 공장이 세워졌다. 이 일대는 맥주, 간장, 된장, 정유, 직물 등을 만드는 대규모 공업 단지가 되었는데, 오늘날 삿포로 맥주는 이때 설치된 개척사 맥주 양조장이 모태다.

이후 제1차 세계대전에 따른 호황으로 홋카이도 이주는 전성기를 맞이한다. 1918년에는 홋카이도 개척 50주년을 기념하는 홋카이도 박람회가 나카지마 공원과 삿포로역 인근 거리에서 열렸다. 이 박람회를 계기로 홋카이도 바깥의 기업과 은행의 지점들이 삿포로를 비롯해 도내에 진출한다.

삿포로 그랜드 호텔에서도 북극성의 상징을 찾아볼 수 있다. 1934년에 홋카이도 최초의 본격적인 서양식 호텔로 문을 연 이곳은, 삿포로의 현대화와 서구화를 상징하는 공간으로 자리매김했다. 이 호텔은 메이지 시대의 개척 정신을 직접적으로 계승했다기보다 개척 시대 이후의 도시 발전과 현대화를 상징하는 건축물이라 할 수 있다.

삿포로 시의 상징인 시계탑. 홋카이도 옛 본청.

삿포로 그랜드 호텔.

애주가의 숙소, 스스키노

이 책을 읽는 술꾼이라면, 삿포로에서 숙소는 무조건 '스스키노'에 잡으리라 생각된다. 스스키노는 관공서 거리 남쪽에 위치한, 삿포로를 대표하는 번화가이다. 다양한 주종을 갖춘 술집과 맛있는 요리를 즐길 수 있는 레스토랑, 편리한 숙박 시설이 밀집돼 있다. 그래서 쇼핑과 식사, 늦은 밤에 기울이는 술 한잔을 고려한다면 숙소로 스스키노만 한 곳이 없다.

그러나 화려한 밤과는 달리 오전의 스스키노를 거닐다 보면, 술집이 즐비해 있는 번화가 특유의 이면을 만날 수 있다. 인적이 드문 거리와 골목에는 어지럽게 널려 있는 전단지와 아직 치우지 않은 쓰레기 등 전날 유흥의 흔적들이 눈에 띈다. 광고판과 간판마다에는 호스트와 호스티스의 얼굴이 크게 실린 사진들이 가득한데, 이와는 상반된 오전의 텅 빈 거리를 보면 공허한 기분이 들기도 한다.

밤이면 화려한 조명과 사람으로 북적이는 이 번화가에는 사실 슬픈 사연이 있다. 개척 시기, 삿포로는 빠른 속도로 도시 건설을 추진했는데, 삿포로의 혹독한 겨울을 견디지 못한 목수와 장인들이 종종 도망치기 일쑤였다. 그들을 붙잡아두기 위한 방편으로 유곽 거리를 조성했는데, 그곳이 오늘날 스스키노의 원형이 되었다고 전해진다.

Beer

눈 속에서 만난 개척자의 맥주

삿포로 맥주 박물관
サッポロビール博物館

9 Chome-1-1 Kita 7 Johigashi, Higashi Ward, Sapporo, Hokkaido

삿포로 맥주 박물관 전경.

3월 초, 삿포로 시내에 아직도 눈이 소복이 쌓여 있던 날. 하얗게 얼어붙은 도로를 따라 걷다 보니, 붉은 벽돌 건물이 눈 사이로 모습을 드러낸다. 하늘을 가르는 검은 굴뚝, 오래된 창틀, 묵직한 외관, 바로 삿포로 맥주 박물관이다. 이곳은 단순한 박물관이 아니라 홋카이도 개척 시대의 이야기를 간직한 양조장의 유산이다.

박물관 꼭대기의 붉은 별, 개척과 북극성의 상징

붉은 벽돌 건물 위를 보면, 꼭대기에 붉은 별 하나가 반짝인다. 이 별은 홋카이도를 개척할 당시 정부가 설립한 개척사의 상징이며, '북극성'을 형상화한 문양이다. 왜 하필 북극성일까? 북극성은 어떤 시대에도 방향을 잃지 않는 별, 새로운 땅을 향한 개척자의 나침반이었기 때문이다.

1870년대, 아직 눈과 숲이 가득했던 이 땅에 맥주 공장을 세운 사람들은 그 별을 바라보며 서양 문물과 기술을 일본에 심으려는 사명을 품었다. 오늘날에도 이 별은 삿포로 맥주의 로고와 병뚜껑, 그리고 박물관의 꼭대기에 그대로 남아 시대를 건너온 상징으로 빛나고 있다.

맥주의 시작, 개척자의 손에서

1876년, 홋카이도 개척의 한복판에서 '삿포로 맥주'가 시작되었다. 이는 단순히 술을 만드는 일이 아니었다. '서양의 기술'을 일본 땅에 뿌리내리는 일, 그리고 '맥주의 나

▶ 삿포로 맥주 박물관의 건축 양식을 엿볼 수 있는 세부.

▼ 삿포로 맥주 박물관의 북극성.

라'로 가는 첫걸음이었다. 당시 일본 정부는 독일에서 맥주 제조 기술을 들여왔고, 초대 양조장 책임자로 나카가와 세이베에中川清兵衛가 임명되었다. 그는 독일에서 직접 양조 기술을 배워온 인물로, 현재 삿포로 맥주의 근간을 만든 개척자라 할 수 있다. 양조장은 당시로선 최첨단 설비를 갖춘 벽돌 공장이었고, 홋카이도의 차가운 기후는 라거 맥주 양조에 이상적이었다. 그 결과 19세기 후반, 삿포로는 일본 맥주의 출발점이자 자존심이 되었다.

정원을 지나 내부로 들어서면 높은 천장과 노출된 벽돌 기둥이 고요히 방문객을 맞는다. 나선형 통로를 걸어 내려가면 스테인드글라스 창문으로 빛이 들어와 성당에 온 것처럼 경건한 기분이 든다. 보리 이삭과 홉, 맑은 공기와 물로 맥주의 주재료를 표현했는데, 맨 윗부분에는 역시 삿포로 맥주의 별, 즉 북극성 모티프가 새겨져 있다.

박물관 내부로 들어가면, 황금빛 태양 같은 맥주가 흐르던 시대의 흔적이 곳곳에 남아 있다. 전시실 한 켠엔 실제 사용되었던 19세기 양조 설비, 그리고 당시 맥주병과 라벨, 브로슈어들이 고풍스레 놓여 있다. 조용한 조명 아래 나카가와 세이베에의 사진이 걸려 있다. 그가 걸었던 여정—맥주를 일본인의 식탁 위로 올리는 길—을 따라 걷는 듯한 전시 연출은 단순한 관람을 넘어 시간 여행처럼 느껴진다.

관람을 마치고 1층의 스타 홀Star Hal'로 향한다. 박물관

에서만 즐길 수 있는 특별한 맥주들을 유료로 테이스팅할 수 있다. 그중에서 가장 특별한 맥주는 삿포로 개척사 맥주開拓使ビール다. '개척사 맥주'라는 이름 그대로, 1876년 일본 정부의 개척사 주도로 양조된 초창기 삿포로 맥주를 재현한 복각판이다. 독일식 필스너 스타일로 약간 쌉싸름함과 몰트감이 살아 있는 전통적인 라거 맥주다. 홋카이도에서 생산된 홉을 일부 사용해 지역성과 역사성이 돋보인다. 이곳 박물관이나 인접한 '삿포로 비어 가든' 외에는 만나기 어렵다.

한 잔을 더 마신다면, 바로 삿포로 클래식이다. 홋카이도 한정 판매 맥주로, 다른 지역에서는 거의 구할 수 없다. 일반 삿포로 맥주보다 더 부드럽고 깔끔한 라거 스타일로 지역 주민들에게 사랑받고 있다. 여기서 직접 양조한 삿포로 클래식 생맥주를 마시고 나서 경건한 마음이 드는 것은 아마도 백 년이 넘는 시간 속에 배어 있는 수많은 개척자의 땀, 그리고 홋카이도의 바람이 이 맥주 한 잔 속에 들어 있기 때문일 것이다.

현재 삿포로 맥주 박물관은 맥주 생산은 하지 않고, 순수 박물관 및 체험·관광 시설로만 운영되고 있다. 생산 공정을 보고 싶다면, 실제 생산이 이루어지는 에니와 시에 위치한 '삿포로 맥주 홋카이도 공장'으로 가면 된다. 이곳에서는 삿포로 클래식 40주년 기념 투어를 사전 예약으로 진행하고 있다. 신치토세 공항에서 차로 약 17분, 쾌속 에

◀ 맥주 정제에 사용된 순수 배양 장치. 효모 오염을 막고 균일한 발효를 가능하게 한다.

▼ 1950년대까지 사용된 독일식 맥주 여과 장비인 샤렌 필터.

어포트로 약 25분 거리로, 공항에서 삿포로 시내로 오가는 길에 들르기 좋다.

◀ 스타 홀 맥주 주문 자판기.
▶ 삿포로 개척사 맥주 테이스팅.

징기스칸과
오타루 맥주

홋카이도 징기스칸 텐구마루
北海道ジンギスカン 天狗丸

2 Chome-13-16 Inaho,
Otaru, Hokkaido

텐구마루는 관광객들이 흔히 가는 화려한 징기스칸 집은 아니다. 동네 주민들이 일을 마치고 친구나 가족과 함께 들르는 소박한 음식점이다. 징기스칸은 부드럽고 신선한 양고기를 사용해 굽는 요리로, 홋카이도의 대표 음식이다. 얇게 썬 양고기를 채소와 함께 철판에 구워 먹는다.

홋카이도에서 징기스칸을 먹기 시작한 유래는 20세기 초 양모 산업과 관련이 깊다. 1918년 일본 정부는 양모 산업을 발전시키기 위해 홋카이도에서 양 사육을 장려했다. 홋카이도의 광활한 자연환경과 서늘한 기후는 양 사육에 매우 적합했다. 그러나 양털을 채취한 후 남은 양고기가 예상보다 많이 소비되지 않자, 양고기를 맛있게 먹는 방법으로 징기스칸 요리가 소개되었다. 이후 징기스칸은 홋카이도 전역에 빠르게 퍼지기 시작한다.

징기스칸은 사실 몽고의 음식이라고 할 수 있다. 징기스칸이라는 이름 자체도 몽골 제국의 초대 왕 칭기즈 칸에서 유래했다. 몽골의 전사들이 철모를 뒤집어 고기를 구워 먹었다는 일화에서 비롯되었다고 한다. 일본에서는 이 일화를 바탕으로 징기스칸 전용 팬을 고안했는데, 중앙이 볼록하고 가장자리가 움푹 파인 둥근 철판이다. 뜨거운 중앙에서는 고기를 굽고 가장자리에서는 고기에서 나온 육즙과 기름으로 채소를 익힌다.

보통 '징기스칸'을 많이 주문하는데, '상 징기스칸'이 메뉴에 보이면 꼭 주문해보기를 추천한다. 이 메뉴를 주문하면 더 고급 부위로 즐길 수 있다. 상징기스칸으로 시작해서 이후 주민들이 주로 시키는 메뉴를 지켜보았다. 텐구세트는 생램, 징기스칸, 상징기스칸이 각 100그램씩 총 300그램의 고기와 구운 채소, 생맥주가 포함된 메뉴다. 다양하게 즐기기 좋아 지역민들이 선호하는 메뉴다. 우리도 따라서 추가 주문했다. 주인 아주머니가 직접 구워주는 동안 삿포로 맥주를 다 비우고, 오타루 지역 맥주를 한 병 주문했다.

 오타루 맥주는 홋카이도 오타루 시에서 생산되는 수제 맥주다. 1995년에 설립된 곳으로 독일의 전통적인 양조 방식을 따른다. 홋카이도의 맑은 물과 엄선한 맥아, 홉, 효모를 사용해 좋은 품질의 맥주를 생산하는 것으로 알려져 있다. 오타루 맥주를 제대로 만나보려면, '오타루 맥주 창고 No.1 Otaru Beer Warehouse No.1'을 가면 좋다. 오타루 운하 근처에서 고풍스러운 경치를 감상하며 맥주와 함께 독일식 요리를 맛볼 수 있다.

 텐구마루에서는 오타루 맥주 필스너를 주문했다. 홉의 은은한 쌉싸름함과 고소한 맥아의 밸런스! 깔끔한 라거 맥주다. 맥주와 징기스칸의 페어링은 홋카이도에서만 즐길 수 있는 특별한 조합이다. 신선한 양고기에 곁들이는 맥주는 고기의 풍미를 한층 살려주며, 자칫 무겁게 느껴질 수 있는 양고기를 담백하게 만든다.

징기스칸을 굽는 동안 마시는 오타루 맥주.

미쉐린 스타 레스토랑에서
만드는 맥주

르 뮤제
Le Musée

14 Chome-3-20
Miyanomori 1 Jo, Chuo
Ward, Sapporo, Hokkaido

토쿠이치
とくいち

22 Chome-1-26 1F
Kita 11 Jonishi, Chuo
Ward, Sapporo, Hokkaido

르 뮤제에서 맛본 크래프트 맥주.

르 뮤제는 삿포로에서 제대로 된 프렌치를 만나고 싶다면 꼭 방문해야 하는 곳이다. 미쉐린 1스타를 획득한 이곳은 원래 2만 엔이 넘는 식사 코스만 있었는데, 최근에 5천 엔 점심 코스를 시작해서 푸디들의 마음을 들뜨게 했다.

고가의 코스를 제공하던 때부터 이곳을 찾았던 내 지인들은, 이번 점심 코스가 퀄리티를 포기하지 않고 가격이 착해진 것을 두고, 자선봉사에 가까운 가격이라며 엄지척을 했다. 셰프는 음식뿐만 아니라 도자기를 빚어 그릇을 만들고, 홋카이도의 자연에서 영감을 받은 그림을 그리며, 레스토랑의 경험을 극대화할 수 있도록 음악까지 직접 작곡해 식사 시간에 틀어준다. 미식의 총체적 경험을 중시하는 곳이라서 더욱 놀라웠다.

이 책의 'Bar & Reataurant' 파트에서 소개해도 되는데, 굳이 맥주 파트에서 소개하는 이유는 이 집의 '맥주' 때문이다. 셰프인 이시이 마코토石井誠가 크루들과 함께 만든 크래프트 맥주는 깔끔하고 맛있다. 캔으로 만들어진 맥주는 이곳의 채소 요리와 정말 잘 어울렸다. 브로콜리니와 채소 샐러드는 익힘의 정도와 간이 완벽했다. 진한 버섯 수프에 들어간 산초와 라임 제스트의 향도 일품이었다. 살짝 산미가 있고 꽃향기가 나는 맥주를 한 모금 들이켜면, 맛 좋은 와인 부럽지 않다. 마지막에 메밀로 만든 크레이프와 소바넛츠, 너트맥과 시나몬이 들어간 스파이스 아이스크림까지, 완벽한 식사였다.

다음 날 '토쿠이치'라는 삿포로 중앙 도매시장 외곽에 있는 라멘 전문점을 찾았다. 이곳 역시 라 뮤제의 셰프가 운영하는 곳인데, 프랑스 요리 기법을 활용한 독특한 라멘을 제공한다. 특히 닭고기 콩소메를 베이스로 한 수프가 특징인데, 대표 메뉴로는 시오 라멘, 미소 라멘이 있고, 매월 제철 식재료로 만든 스페셜 라멘이 나온다.

이곳을 찾았을 때는 오픈한 지 2주년이 되었다며, 한정판 맥주 '메르시 보쿠$^{\text{Merci beaucoup}}$'를 소개했다. 크래프트 맥주로 Hazy IPA인데, 탁하고 흐린 오렌지 주스 같은 컬러로 싱그러운 숲의 향기를 담았다. 이끼 향, 감귤, 솔잎의 뉘앙스가 아주 매력적인 맥주이다. 닭육수의 감칠 맛과 Hazy IPA의 부드러운 바디감이 절묘하게 어우러진다. 맥주의 은은한 산미가 라멘의 짠맛을 깔끔하게 잡아주며, 깊은 여운을 남긴다. 미쉐린 셰프가 만든 맥주를 맛보고 싶다면, '르 뮤제'와 '토쿠이치'를 메모해두길.

◀ 르 뮤제의 맥주와 아뮤즈 부슈.

▼ 르 두제 맥주 메르시 보쿠.

◀ 홋카이도 채소로 만든 르 뮤제의 요리.

▲ 토구이치의 시오 라멘.

▼ 토구이치의 이달의 라멘.

홍차 가게의 맥주

루피시아 브루어리
Lupicia Brewery 羊蹄山麓ビール工場

4-1 Yotei, Niseko, Abuta District, Hokkaido

루피시아 브루어리 본사 오피스 건물.

일본 홍차 브랜드로 유명한 루피시아가 운영하는 맥주 브루어리에 다녀왔다. 루피시아 브루어리는 2020년 9월, 홋카이도 니세코에 설립된 크래프트 브루어리다. 요테이 산이 가까이 보이는 루피시아 오피스는 세계적인 건축가 후루야 노부아키와 NASCA가 공동 설계했다. 바로 옆 건물에 양조 시설이 자리하고 있다. 별도의 투어 프로그램은 없지만 아름다운 건축물을 감상하는 것만으로도 충분히 방문할 가치가 있다.

루피시아 브루어리는 니세코의 상징인 요테이 산의 화산암층을 통해 자연 정화된 복류수로 맥주를 만든다. 무여과 맥주를 고집하며 니세코에서만 만들 수 있는 신선한 맥주를 추구하고 있다.

맥주 테이스팅은 이곳에서 가까운 루피시아 레스토랑에서 가능하다. 일본 전역의 마트와 백화점에서도 루피시아 브루어리의 맥주를 구매할 수 있다. 근처 니세코 증류소를 들렀다가 마침 루피시아 브루어리의 요테이 맥주가 보이기에 구매했다. 숙소에서 지인들과 함께 마트에서 장본 재료로 요리해 맥주를 곁들여 즐겼다. 홍차로 시작한 브랜드답게 화사한 풍미의 맥주다. 깔끔한 끝맛이 마치 냉침한 시원한 차 한 잔을 마시는 듯 청량감을 준다. 여러 맥주 가운데 나의 원픽은 '니세코이즈 맥주'! 홉의 향과 단정한 뒷맛이 일본 음식을 한층 섬세하게 만든다.

▲ 중정이 아름다운 루피시아 본사 건물.
▶▶ 루피시아 브루어리에서 보이는 요테이 산.
▶ 야식에 곁들여 마신 요테이 맥주.

쇄빙선에서 유빙을 감상하며 마시는 맥주

유빙 관광 쇄빙선 오로라
網走流氷観光砕氷船おーろら

4 Chome-5-1
Minami 3 Johigashi,
Abashiri, Hokkaido

쇄빙선 실내 라운지에서 마신 유빙 맥주.

3월에 홋카이도를 다시 방문한 이유는 유빙을 보기 위해서였다. 아바시리의 쇄빙선 오로라 호는 매년 겨울, 오호츠크 해의 유빙을 가까이서 체험할 수 있는 특별한 크루즈다. 1월 20일부터 3월 31일까지 매일 운항하며, 유빙이 가장 많이 관측되는 2월이 성수기다. 운항 시간은 시기에 따라 다른데, 하루에 서너 차례 운항한다. 기상 상황이나 유빙 상태에 따라 운항 시간이 변경되거나 취소되기도 한다. 그래서 시시각각 쇄빙선 운영을 안내하는 웹사이트에 접속해 시간표를 확인해야 헛걸음을 피할 수 있다.

"오늘 쇄빙선 운영 시간 좀 체크해볼래요?"

일본어 패치가 장착된 막내가 웹사이트에 접속했다.

"지금 기준으로 오후 2시에 운항 예정이라고 해요."

말이 끝나자마자 우리 일행은 재빠르게 움직였다. 쇄빙선을 타기 위해서는 오비히로에서 아바시리로 이동해 세 시간 이상 눈길을 달려야 한다. 기상 상황에 따라 운항 시간이 변경되는 상황도 고려해야 했고, 티켓팅도 해야 해서 달리는 내내 마음이 조마조마했다. 지난 번 방문에서 유빙을 보지 못해 이번에는 꼭 보고 싶다던 막내의 간절한 바람이 하늘에 닿았는지, 우리 일행은 다행히 제시간에 도착할 수 있었다.

마침내 오로라 호에 탔다. 쇄빙선의 내부 공간은 아늑했다. 푸른색 계열의 플로럴 패턴이 인상적인 오래된 소파가 창가를 따라 배치되어 있고, 창밖으로는 두텁게 쌓인 눈과 겨울 햇살이 어우러진 항구 풍경이 펼쳐졌다. 따뜻한 실내와 서늘한 바깥 설경의 대비가 인상적이다.

흰색의 타원형 테이블 위에는 유빙 맥주流水 draft가 나란히 놓여 있다. 홋카이도 아바시리 시에 본사를 둔 지역 맥주 브랜드로, 실제로 유빙이 녹은 물을 정제해 양조수로 사용하는, 독특한 방식으로 맥주를 만든다. 천연 색소인 스피룰리나의 청색 색소를 사용해, 겨울철 오호츠크 해의 유빙 풍경을 떠올리게 하는 색감과 콘셉트로 지역 관광의 상징적인 술로 자리 잡았다.

30분 정도 시간이 흘렀을까? 창문으로 제법 유빙이 많이 보이기 시작해 2층 갑판대로 올라갔다. 얼어붙은 오호츠크 해를 가르며 배는 천천히 나아간다. 파도 대신 유빙이 밀려들고, 바다는 순백의 판화로 변신한다. 푸른 바탕 위에 흩뿌려진 얼음 조각들. 눈처럼 부드러운 흰 얼음 덩어리들이 바다를 뒤덮고, 그 사이를 가르며 나아간 배의 흔적이 짙은 청록빛 물살로 선명하게 남는다. 마치 얼음 위를 뚫고 지나간 '시간'의 자국처럼 거친 물결이 사방으로 튀어 오르며 유빙을 밀어낸다. 멀리 수평선까지 이어진 하얀 유빙은 바다와 하늘의 경계를 무디게 만들고, 그 위로는 옅은 구름과 겨울 햇살이 겹겹이 드리워진다. 얼어붙은 듯한 고요함과 그 안에서 생기는 파도의 긴장감이 공존하는 풍경은 단순한 자연이 아니라 살아 있는 북극의 숨결처럼 느껴진다.

오호츠크 해에 떠 있는 유빙을 보고 있으면, 자꾸 음식이 연상된다. 너무 천천히 녹는 셔벗 같고, 부서지는 소리는 크러시드 아이스를 씹을 때와 비슷하다. 접시 위에 올릴 수도 없고 혀끝에 닿으면 사라질 것 같다. 찬바람이 볼을 스치면 저 바다 위에 서 있는 듯한 기분이 든다. 한 모금의 술이 더해지면 딱 좋겠다!

그 어떤 안주도 없이 유빙이 풍경이 되고, 술이 음식이 되고, 바람이 향이 되는 식사. 그건 겨울 바다 위에서만 가능한, 오로지 감각으로만 이루어진 만찬이었다. 찬바람이 부는 오호츠크 해, 잔잔하지만 차가운 푸른 물결 위로 유빙이 떠내려가고 있다. 하얀 캐시미어 장갑을 낀 손으로 조심스럽게 맥주 캔을 열었다. 삿포로 클래식 40주년 기념 마크가 새겨진 캔은 반짝이는 설원의 풍경과 자연스럽게 어울린다. 황금빛 별과 보리 이삭의 엠블럼은 추운 북쪽 땅에서 피어난 맥주 문화의 상징처럼 느껴진다. 차가운 손끝, 얼어붙은 공기, 눈처럼 부드러운 거품. 캔 하나로 완성되는 홋카이도만의 겨울. 단순히 맥주를 마시는 행위가 아니라 유빙과 함께 호흡하고, 바람과 함께 마시는 풍경 그 자체가 된다.

쇄빙선을 타고 점점 북쪽으로 나아간다. 바다는 얼어붙었고, 하얀 유빙이 파도를 대신해 부서진다. 눈부시게 차가운 오호츠크 해 한가운데에서 이번에는 닛카 세션을 꺼내 들었다. 깊고 짙은 블루 병이 눈과 바다, 하늘 사이에서

▲ 유빙 위에서 마시는 닛카 세션.
▼ 유빙 위에서 마시는 삿포로 클래식.
▶ 유빙의 풍경.

선명히 빛났다. 닛카 세션은 일본 홋카이도의 몰트와 스코틀랜드의 몰트가 블렌딩된 위스키다. 요이치의 눈과 스코틀랜드 벤네비스의 바람이 하나의 선율로 어우러지는 술. 이 술을 오호츠크 해 위에서 마시는 일은, 두 개의 북쪽 바다가 입 안에서 조우하는 일이 된다.

혀끝에 닿는 첫맛은 부드럽고 둥글다. 하지만 곧 스코틀랜드 몰트 특유의 깊이 있는 바디감이 밀려오고, 홋카이도의 맑은 향이 그 위를 감싼다. 닛카 세션 한 모금에 오호츠크와 스코틀랜드, 두 북쪽 바다가 혀끝에서 만난다. 한적한 유빙 위를 미끄러지듯 나아가는 배 안에서 잠시 멈춰 선 시간. 추위와 온기, 술의 풍미가 조용히 교차하는 순간이 담긴다.

Hidden Spot

쇄빙선을 타지
않고도 유빙을
가까이 볼 수 있는 곳

노토로 곶 能取岬

Misaki, Abashiri,
Hokkaido

노토로 곶은 오호츠크 해를 따라 이어진 홋카이도 아바시리 시의 북쪽 끝자락에 위치한 조용한 곳이다. 유빙과 바다, 초원이 만나는 경이로운 자연 풍경을 자랑하는 장소다. 오키타 슈이치의 영화 <남극의 쉐프>를 포함해 여러 영화와 드라마의 촬영지로도 알려져 있다.

겨울이 되면 오호츠크 해 위로 떠내려오는 유빙을 가장 가까이에서, 가장 조용하게 마주할 수 있다. 쇄빙선 관광이 '유빙의 체험'이라면, 노토로 곶 산책은 '유빙의 명상'에 가깝다. 바닷바람을 맞으며 걷는 산책로는 전망대나 관광지보다 더 순수한 겨울의 감성을 느낄 수 있다. 아침 식사를 하고 나서 방문해도 좋다.

노토로 곶 산책 코스 / 노토로 곶에서 감상한 유빙.

★ Sake

백 년 된 문화재 공간에서 마시는 사케

고바야시 슈조
小林酒造

3 Chome-109 Nishiki,
Kuriyama, Yubari District,
Hokkaido

고바야시 슈조 안에 위치한 고바야시 집 정원.

고바야시 슈조의 사케를 처음 만난 것은 지금은 임시 휴업 중인 삿포로의 미쉐린 스타 이자카야 슈보신센酒房しんせん에서였다. 당시 셰프는 홋카이도 사케를 추천해 달라고 하자, 고바야시 슈조의 간판 사케인 '기타노니시키 마루타北の錦 まる田'를 내주었다. 깔끔하면서도 감칠맛이 뛰어나 때맞춰 나온 생선 국물 요리와 환상적인 궁합을 이루었다. 셰프는 술을 공부하는 사람이라면 '기타노니시키'를 한번 살펴보면 좋겠다고 귀띔해주었다.

고바야시 슈조의 8대 토지杜氏(양조 총괄 장인)인 미나미 슈지南修司는 "술은 결국 음식과 함께 즐기는 것"이라는 신념으로, 음식과 잘 어울리는 사케를 빚는 데 집중한다. 구체적으로는 산미가 확실하면서도 깔끔한 맛을 지닌 사케를 목표로, 홋카이도산 식재료로 만든 다양한 요리와의 조화를 추구한다. 그래서인지 고바야시의 사케들은 식사와 함께 즐기는 '식중주食中酒'로 훌륭하게 어울린다. 미나미 토지는 홋카이도가 일본 '식재료의 보고'로서 풍부한 먹거리를 자랑하는 만큼, 그에 걸맞은 술을 빚는 것은 당연한 일이라고 말한다.

처음 기타노니시키를 맛본 지 일 년 반이 지나, 드디어 고바야시 슈조를 방문했다. 홋카이도의 3월은 우리나라의 봄과는 달리 눈이 키만큼 쌓인 겨울 왕국이었다. 삿포로에서 차로 한 시간을 달려 구리야마 초에 있는 고바야시 슈조에 도착했다.

고바야시 슈조는 니가타 출신인 고바야시 요네사부로小林米三郎가 홋카이도로 이주해 삿포로에서 1878년에 창업했다. 창업 후 20년 정도 지난 1900년에 고바야시는 당시 유바리 탄광이 번창하면서 사람과 돈이 점점 모여드는 모습을 보고, 유바리 근처인 구리야마 초로 양조장을 이전하면서 새로운 전기를 마련한다. 당시 유바리 탄광에서 일하던 광부들은 하루의 피로를 풀고 활력을 얻기 위해 술을 즐겼다고 한다. 홋카이도 탄광기선에 사케를 납품하게 되면서 술은 날개 돋친 듯 팔렸고, 고바야시 슈조는 황금기를 맞이한다. 고바야시 슈조의 대표 브랜드인 '기타노니시키北の錦'는 '북쪽의 비단'이라는 뜻으로, 홋카이도에서 훌륭한 성과를 이루겠다는 개척 정신과 포부를 보여주는 이름인데, 이 시기에 제대로 이름값을 한다.

하지만 세월이 흘러 탄광이 쇠퇴하면서, 고바야시 슈조는 '양'을 중시하는 주조에서 '질'을 높이는 주조로 방향을 전환한다. 1985년에는 홋카이도산 쌀 백퍼센트로 만든 청주를 판매하기 시작했고, 2009년에는 주재료인 쌀을 전량 홋카이도산으로 바꾼다. 그럼에도 예전보다 경영이 힘들기는 마찬가지였다.

현재 고바야시 슈조의 대표인 4대째 고바야시 요네사부로 씨가 회사에 입사한 것은 1989년이었다. 다른 회사에서 4년간 일하다 가업을 잇기 위해 고바야시 슈조로 돌아왔다. 그의 원래 이름은 '요네타카米孝'인데, 한자어를 그대로 풀면 '쌀에 효도한다'는 뜻으로, 이 일이 자신의 운명임을 직감했다고 한다.

그는 회사를 이어받으며 두 가지에 중점을 두었다. 첫째는 양조장을 관광 자원으로 만드는 것, 두 번째는 술의 품질을 개선하는 것이었다. 우선 1989년부터 4월 둘째 주 토요일과 일요일에 일반인에게 양조장을 개방하는 '양조장 축제'를 시작했다. 팬데믹 이전에는 이 시기에 2만 명 넘게 방문할 정도로 인파가 몰렸다고 한다. 다양한 포장마차와 상점들이 들어서고, 기간 한정 탁주인 '생 ㄴ고리주'를 제공한다. 이 행사에 관심이 있다면, '구리야마 노포 축제くりやま老舗まつり'를 검색해보시길. 또 1995년에는 '기타노니시키 기념관'을 개관했다. 예전의 본사 사무실 공간을 고바야시 슈조의 사케 직판장으로 탈바꿈한 곳이다.

기타노니시키 기념관으로 들어가려는데, 입구에 삼나무로 만든 둥근 공 모양의 '스기다마杉玉'와 밧줄이 보였다. 스기다마는 원래 신에게 술을 바치기 위한 제사 의식의 일부였으나, 현재는 사케 양조장의 상징으로 자리 잡았다. 보통 새로운 술을 만들 때 달아놓는 스기다마는 시간이 지나면서 초록색 가지가 갈색으로 변하는데, 이는 술이 잘 숙성되었다는 신호이기도 하다.

함께 걸려 있는 밧줄은 '시메나와注連縄'라고 한다. 신성한 장소를 표시하거나 악귀를 막기 위해 걸어두는 장식이다. 보통 사케 양조장 입구에 걸어둔다. 일본의 시메나와

◀ 고바야시 슈조의 오피스 건물.
▶ 기타노니시키 기념관 전경.

는 한국의 금줄과 비슷하다. 다만 일본의 시메나와는 특정 장소에서 지속적으로 사용되는 경향이 강하고, 한국의 금줄은 주로 출산과 관련해 일시적으로 사용된다는 점에서 차이가 있다. 그럼에도 두 문화는 신성함과 보호에 대한 인류의 보편적인 믿음을 보여준다는 공통점이 있다.

기타노니시키 기념관에 들어가서 견학이 가능한지를 문의했더니, 종이 지도를 하나 건네주었다. 별도의 투어가 없기 때문에 이 동선으로 둘러보라고 했다. 열 명 이상에 한해 일주일 전 예약을 통해 투어를 진행하는데, 이 경우에도 지도의 코스대로 진행된다고 덧붙였다.

우선 기념관 1층에서 사케부터 시음해보기로 했다. 이곳에서는 무료 시음도 가능하고, 구매도 할 수 있다.

"사케 테이스팅을 해보고 싶어요!"

"네, 자유롭게 드시면 됩니다. 여기를 이렇게 펌핑하면 술이 나옵니다."

좌측에 있는 술부터 순서대로 살펴보기 시작했다. 후유하나비고텐 나마겐슈^{冬花火御殿生原酒}. '후우하나비'는 '겨울 불꽃놀이'라는 뜻으로, 차갑고 깨끗한 겨울을 이미지화한 이름이다. '나마겐슈'는 여과되지 않은 원액을 그대로 병입한 술을 말하는데, 신선하고 강렬한 맛을 즐길 수 있다. 홋카이도산 쌀인 '긴푸^{吟風}'를 백퍼센트 사용했고, 정미율 50%로 쌀을 절반까지 깎아내 만든 고급 사케다. 영하 2도에서 숙성했고, 알코올 도수는 17%로 제법 높은 편이다. 이런 시즌 한정 '나마자케'는 양조장과 사이가 돈독한 고급 레스토랑이 아니면 만나기 어렵다는 것을 알기에 더욱 반가웠다. 펌핑해서 작은 잔에 사케를 따랐다. 신선한 과일 향과 은은한 꽃향기가 어우러진 복합적인 향미에 살짝 요거트 풍미가 느껴졌다. 생각보다 점도가 있으면서 탄산감이 느껴지는 겨울의 맛이었다.

순서대로 하나씩 맛보며, 세 번째 사케 앞으로 갔다. 마루타 와타로카 나마겐슈 まる田 綿ろ過生原酒. 슈보신센에서 맛보았던 그 마루타다. 앞선 사케들에 비해 조금 더 드라이했는데, 나마겐슈라서 그런지 이전에 맛보았던 사케보다 조금 더 신선하고 힘차게 느껴졌다. 신제품으로 출시된 것으로 '면 여과 綿ろ過' 방식을 사용해 부드럽고 깨끗한 맛을 추구했다. 일반적인 사케는 발효 후 남은 효모, 단백질, 기타 미세한 입자를 제거할 때 활성탄 여과 방식을 사용하는데, 이 과정에서 사케의 고유한 향과 맛이 일부 손실될 수 있다. 반면 '면 여과'는 면 소재 필터를 사용해 화학적 처리 없이 자연적인 방법으로 여과해 사케 본연의 향과 맛을 최대한 살릴 수 있는 장점이 있다.

마지막 사케는 하레 HARE 다. 홋카이도산 쌀인 '기타시즈쿠 北雫'로 만들며, 매우 높은 정미율(35%)로 정성스럽게 빚은 사케다. 깔끔하고 맑은 맛을 추구하며, 상쾌하고 우아한 향이 일품이었다. 하레는 일본어로 맑다는 뜻인데, 특별한 날이나 축제를 의미하는 전통 개념이기도 하다. 신

◀ 시음 사케.

▲ 직판장 한정 판매 사케.

년 한정판 사케로 올해 출시한 것이라고 한다. 이곳 양조장에서만 만날 수 있다기에 한 병 구입했다.

네 가지 사케를 하나씩 다 맛본 다음 2층으로 이동했다. 2층에는 고바야시 슈조의 역사를 추적할 수 있는 약 5천 점의 술잔과 집기 등이 전시돼 있어 당시의 생활을 상상해볼 수 있다. 초대 사장이 사용했던 식사상부터 식기와 술잔들, '천하의 명주', '청주왕'이라는 호기로운 문구가 적힌 기타노니시키의 깃발, 지금과는 달리 인쇄술이 발달하지 않은 당시에 사케 라벨지에 쓰였던 도장 등 오랜 세월 고바야시 슈조에 쌓인 시간들을 가늠해볼 수 있었다.

지도를 따라서 터벅터벅 양조장을 산책했다. 백 년 이상의 역사를 지닌 이 양조장 건물은 2006년에 일본의 등록 유형 문화재로 지정되었다. 현재 양조장 부지에는 13개의 벽돌 창고 및 석조 창고가 있는데, 이 건축물들 역시 등록 유형 문화재로 지정되어 있다. 건물 중에는 눈의 무게를 이기지 못하고 무너진 건물도 보였다. 그중에 김이 모락모락 피어나는 건물로 다가갔다. 오늘은 양조를 하지 않는 날인지 세척하는 직원만 있었다. 나중에 알고 보니, 고바야시 슈조의 양조팀은 '칸즈쿠리寒造り(겨울철 양조)' 전통을 지킨다고 했다. 아직 눈이 내리긴 하지만, 3월은 양조 시기가 아니었던 것이다.

현재 고바야시 슈조의 양조를 책임지고 있는 미나미 토지는 40년이 넘는 세월 동안 이곳에서 근무하고 있는데,

▲ 폭설로 무너진 고바야시
  슈조 건물.

◀ 기념관 2층에서 만난
  고바야시 슈조의
  옛 라벨(고바야시 집 정원
  풍경이 새겨져 있다).

"전통적인 스타일, 클래식한 방식은 결코 시대에 뒤떨어지지 않는다"고 말할 정도로 장인 정신에 대한 자부심이 대단하다. 예를 들어 좋은 사케의 품질을 결정하는 핵심으로 코지(누룩) 만들기 과정을 꼽는데, 코지야말로 '술의 영혼'이며 세대에서 세대로 전수된 기술과 경험이 필수인 가장 어려운 공정이라고 강조한다. 이러한 철학에 기반해 겨울철 한정 전통을 지키면서, 저온 장기간 발효와 섬세한 수작업으로 술 빚기의 정수를 이어가고 있다.

양조 과정을 볼 수 없어 아쉬운 마음을 뒤로하고, 숙성고를 지나 '小林家'라는 현판이 붙어 있는 곳으로 들어갔다. 말 그대로 '고바야시 집'이란 뜻인데, 창업자 가문의 주택을 활용한 카페였다. 1897년에 세워진 역사적인 건축물로, 고바야시 슈조의 역대 사장들이 거주하던 곳이다. 홋카이도에서 가장 오래된 사케 양조장의 주거 공간을 통해 당시의 생활상을 엿볼 수 있다. 2014년 7월부터 일반에 공개되어 방문객들이 내부를 견학하고 휴식을 취할 수 있는 카페로 활용하고 있다. 마침 정갈한 차림의 아주머니가 우리를 맞아주었다.

"이곳도 고바야시 슈조의 건물인가요?"

"네, 맞아요. 고바야시 가문이 살던 집이에요. 제 이름은 고바야시 가즈코예요."

"고바야시 슈조의 그 고바야시인가요?"

"맞아요. 저도 가족의 일원이랍니다."

그녀는 춥지는 않냐면서, 다다미방에 앉은 우리에게 담요를 가져다주었다.

"이건 저희 어머니께서 직접 만든 담요예요."
"이쪽 안쪽 방도 한번 둘러보실래요?"

방문을 열어 이전 고바야시 가문의 어르신들을 모신 신당을 보여주었다. 창밖으로 석등이 있는 아름다운 정원이 보였다.

다시 다다미방으로 돌아와 이곳의 주력 메뉴인 술지게미를 활용한 디저트를 살펴보았다. 아마자케와 아이스크림, 죽 등 다양한 디저트를 주문해서 친구들과 나누어 먹기로 했다. 술지게미를 사용한 아이스크림은 부드럽고 독특한 풍미가 있었다. 아이스크림 위에 커피를 붓는 아포카토처럼 아마자케를 아이스크림 위에 부어서 맛보라고 했다. 아이스크림 위에는 색색의 사랑스러운 부부아라레ぶぶあられ'를 장식했다. 부부아라레는 작고 둥근 모양의 일본 전통 과자로, 쌀로 만들어 튀긴 뒤 색을 입힌 과자다. 주로 핑크색, 흰색, 초록색으로 만드는데, 특히 히나마쓰리(여자 아이의 건강과 행복을 기원하는 축제, 3월 3일) 때 많이 사용한다. 아이스크림이나 떡, 젤리 등의 디저트 위에 장식으로 올려 색감과 식감을 더해준다.

다정한 공간에서 디저트를 맛본 뒤 양조장 건물을 크게 한 바퀴 산책하고는 다시 삿포로로 향했다.

▲ 고바야시 집의 디저트 메뉴, 아이스크림과 부부아라레.

◀ 고바야시 집의 어머니가 만든 담요.

▶ 고바야시 집 내부.

사케 양조장에서 운영하는 사케 바

모로하쿠
もろはく

6 Chome-1-番8号 6F ビル,
Minami 3 Jonishi, Chuo
Ward, Sapporo, Hokkaido

기타노시니키 후유하나비 무로카 나마겐슈.

고바야시 슈조에서 운영하는 사케 바가 삿포로에 있다는 소식을 듣고 저녁에 방문했다. 간단한 안주 메뉴와 다양한 사케를 잔으로 마실 수 있어서 최근 사케 팬들에게 반응이 좋다고 한다.

"안녕하세요, 오늘 낮에 고바야시 슈조에 다녀왔어요. 사케를 공부하러 이곳에 왔어요."

"오, 고바야시 슈조에서 운영하는 곳이라는 걸 알고 오셨군요. 사실 사케를 좋아하는 많은 분들이 여기에 오시지만, 고바야시에서 운영한다는 건 잘 모르시는 것 같더라고요."

"그럼, 첫 잔으로 고바야시 슈조의 기타노니시키 중 하나를 추천해주세요."

"마침 좋은 사케가 있어요!"

저울에 잔을 올리고, 사케 양을 60㎖로 정확히 재서 내주었다. 테이블에 올려주는 사케의 라벨을 찬찬히 읽어보았다. '후유하나비 무로카 나마겐슈'였다. 사과와 배의 향기로 신선하게 시작되는 사케의 맛은 일품이었다. 적당한 탄산과 감칠맛 나는 사케는 낮에 맛보았던 것보다 더 맛있었다. 오토시로 나온 참치회 간장 절임, 사과 샐러드와도 잘 어울렸다. 음식을 담당하는 여사장님의 삐뚤빼뚤한 한국어 손글씨 메뉴도 다정했다. 양조장에서의 경험을 조금 더 나누다 보니, 금세 술잔이 비었다.

"오마치로 만든 사케를 맛볼 수 있을까요?"

이곳의 장점은 고바야시 슈조의 사케, 홋카이도의 사케뿐만 아니라 전국의 명주들이 많다는 점이다. 최근에 관심을 두고 있는 쌀 품종인 오마치를 좀 더 공부해보고 싶어서 이 쌀로 만든 사케를 부탁했다. 사장님은 세 병을 꺼내 보여주면서 각 사케의 특징을 설명해주었다. 그중 미디엄 스트롱 바디라는 요로코비가이진悅凱陣의 준마이긴조, 아카이와 오마치赤磐雄町 무여과 나마겐슈를 골랐다.

오마치 쌀은 일본에서 가장 오래된 사케용 쌀 품종 중 하나로 1859년에 오카야마 현에서 발견되어 지금까지 재배되고 있다. 야마다니시키山田錦 등 다른 유명한 쌀 품종의 조상격으로 깊고 풍부한 감칠맛과 우아한 향을 지니며, 쌀 본연의 단맛과 신맛이 잘 어우러져 있다. 그중에서도 오카야마 현의 아카이와 시에서 생산되는 오마치는 오마치 품종 중에서도 고품질로 평가받는다. 한 모금 맛보니 쌀과 효모의 향이 상당히 강하게 느껴진다. 6년이나 숙성된 사케는 감칠맛이 폭발하면서도 뒷맛은 드라이했다. 이어서 나온 멍게젓, 어란과 맛깔나게 잘 어우러졌다.

마지막 사케는 아라마사 슈조新政酒造의 '미에자루핑크노유니콘 2021見えざるピンクのユニコーン 2021'로 선택했다. '눈에 보이지 않는 핑크 유니콘'이란 뜻이다. 워낙 만나기 어려운 사케이기 때문에 잔술로도 비쌌지만 과감히 도전했다. 핑크 유니콘이 유명한 이유는 키조슈貴釀酒 방식으로 사케를 만들며 미즈나라 오크 통에서 숙성해, 한정판 생산으로 수

량이 적기 때문이다. 키조슈는 일본 사케 양조 방식 중 하나로 발효 과정에서 물 대신 사케를 첨가해 만드는 방식이다. 이 방식은 사케의 풍미를 더욱 깊고 복합적으로 만들어주며, 달콤하고 농밀한 맛이 특징이다.

물로 입 안을 헹구고 사케를 한 모금 마셨다. 체리와 리치, 장미꽃 향기가 감돌며, 산미와 당도가 높은 편이라 사케보다 와인에 가까운 느낌이 들었다. 애호가들이 좋아하는 데에는 분명히 이유가 있겠다는 생각이 들었다. 사케 경험치 +1 상승! 다양한 사케 정보와 구색을 갖추고 있는 곳이니, 사케를 좀 더 공부해보고 싶다면 꼭 방문해보기를 추천한다.

◀◀ 다정한 한글 손글씨 메뉴판.
◀ 나마자케부터 잇쇼빙(됫병)까지 다양한 사케가 구비되어 있다.
▶ 아카이와 오마치.
▶▶ 아라마사 슈조의 미에자루핑크노유니콘 2021.

북쪽을 대표하는 국주

치토세쓰루 사케 뮤지엄
千歳鶴 酒ミュージアム

5Chome-2 Minami 3 Johigashi, Chuo Ward, Sapporo, Hokkaido

치토세쓰루 코모다루.

홋카이도를 처음 방문했을 때, 출발하기 전부터 기대에 부풀었던 한 술집에 들렀었다. 식중주로 현지 사케를 추천해 달라고 하자, 셰프는 '설원의 춤'이라는 술을 내밀었다. 이름처럼 홋카이도의 맑은 공기가 느껴지는 술이었다. 삿포로 시에 있는 일본청주주식회사에서 생산하는 치토세쓰루千歳鶴의 사케였다.

치토세쓰루는 1872년에 설립된 삿포로 유일의 사케 양조장으로 홋카이도의 명주 중 하나다. 동일한 이름의 이자카야도 삿포로 시내에 양조장 직영 매장으로 운영한다. 치토세는 '천 년'이라는 뜻으로 장수와 번영을 기원하는 한자이고, 쓰루는 '학'이라는 뜻으로 역시 장수와 평화의 의미를 담고 있다. 그날의 좋았던 경험을 떠올리며 양조장을 찾았다.

삿포로 중심가에서 도보로 몇 분을 걸었을까. 치토세쓰루 사케 뮤지엄 뒤편으로 눈 속에 잠긴 건물 하나가 보인다. 바로 치토세쓰루 양조장의 실질적인 술 생산 구역이다. 건물은 붉은 벽돌과 콘크리트로 건축되었고, 세월이 만든 얼룩이 가득하다. 옆에는 거대한 굴뚝이 하늘을 찌를 듯 솟아 있고, 그 아래에는 물 탱크, 작업 차량과 스태프들의 차량이 세워져 있다.

벽돌 외벽 사이, 조그만 철제 계단 위로 빼꼼 열린 문 안쪽에는 은빛 금속 트레이들이 빽빽하게 정렬되어 있는 게 보였다. 사케 양조에서 누룩(코지)을 숙성시키는 데 쓰이는 코지바코麴箱다. 이 상자들은 깨끗이 세척한 뒤, 정밀하게 조절된 온도와 습도 속에서 곰팡이(코지균)를 쌀에 입히는 데 사용된다. 코지바코는 예전에는 주로 나무로 만들었지만, 최근에는 세척이 용이한 스테인리스 재질도 많이 사용한다. 한 번 쓰고 버리는 도구가 아니라 매번 정교한 위생 관리와 반복 세척을 거쳐 여러 차례 사용하는 사케 양조의 핵심 도구 중 하나다.

옆 건물을 살펴보니 창고의 철문은 닫혀 있었지만, 이미 갈색으로 물든 스기다마가 조용히 이곳의 역할을 알려준다. 여기는 치토세쓰루의 출하 전용 창고, 즉 빚어진 사케가 바깥세상으로 나가기 직전에 마지막으로 머무는 공간이다.

그 옆으로 시선을 옮기니, 낡고 거대한 회색 건물이 눈에 띄는데 벽돌 위에 덧칠된 콘크리트와 얼룩진 유리창이 보인다. 그 사이로 묵묵히 자리 잡은 스테인리스 저장 탱크 하나가 번들거리며 빛을 반사한다. 치토세쓰루의 술이 실제로 빚어지고 저장되는 중심 공간이다. 중앙 철문 위에는 '丹頂蔵(탄초조)'라는 이름이 씌어 있다. 직역하면 '붉은 머리 두루미의 창고', 즉 치토세쓰루의 프리미엄 술이 저장되는 특수 저장고를 뜻한다. 그 아래로 '千歳鶴' 브랜드 로고가 정중하게 붙어 있다. 눈이 소복이 쌓인 이 공간은 관광객의 시선에서는 벗어나 있지만, 술이 실제로 호흡하고 있는 치토세쓰루의 심장부다.

생산 시설 외부를 둘러보고, 관광객 동선으로 돌아와 치토세쓰루 박물관 내부로 들어갔다. 박물관 내부는 상당히 단출한 편이다. 사케의 주재료인 쌀에 대한 설명, 사케 제조 과정을 알 수 있는 미니어처, 양조장의 연혁 등이 주를 이룬다. 그중에서 가장 눈에 띄는 것은 사케 생산 노트다. 연필로 정갈하게 쓴 글씨로, 날짜와 함께 공정 관련 단어들인 '압착', '정미', '분리', '숙성', '필터링'과 수치가 빽빽하게 적혀 있다. 치토세쓰루가 전통을 계승하면서도 어떻게 현대적인 품질을 유지해왔는지를 보여주는 대목이다.

흥미로운 점은 방문자가 유리 케이스 너머로 직접 내용을 확대해서 볼 수 있도록 '돋보기'가 비치되어 있다는 점이다. 단순한 전시가 아니라 양조의 기억을 '문화재'로 다루는 진지한 태도를 느끼게 했다. 상단의 파란 상자에는 '酒温計'라고 씌어 있다. 술의 온도를 재는 도구다. 사케는 온도에 민감한 술이기에, 이 기록은 단지 생산 일지라기보다 정밀한 과학과 섬세한 감각이 결합된 작업 노트라고 할 수 있다.

옆 방으로 이동하면 기프트숍과 시음할 수 있는 공간이 나온다. '쓰루 뷰티TSURU BEAUTY' 제품들도 보였다. 사케 양조에서 파생된 쌀 발효 추출물과 사케 원주原酒의 아미노산, 미네랄을 이용해 피부에 영양을 주는 화장품 라인이다. 그중에서 치토세쓰루 페이스 마스크를 골랐다. 일본에서는 오래전부터 사케 양조장에서 일하는 사람들의 손이

유난히 곱다는 속설이 있어서 'SK-Ⅱ' 화장품 브랜드에서도 발효 기법을 화장품에 적용시킨 적이 있다. 나중에 치토세쓰루를 마실 때 친구들과 마스크팩을 함께 붙여도 재미있을 것 같았다.

치토세쓰루를 운영하는 일본청주주식회사는 1872년, 홋카이도 개척기에 출발했다. 그래서 일본 정부가 사케를 국주國酒로 내세울 때, 북쪽의 대표 양조장으로 자주 이곳을 언급한다. 일본청주주식회사는 사케 외에 와인도 생산하는데, 바로 요이치 와인余市ワイン이다. 요이치 와인에 대해서는 와인 편에서 좀 더 자세히 다룰 예정이다.

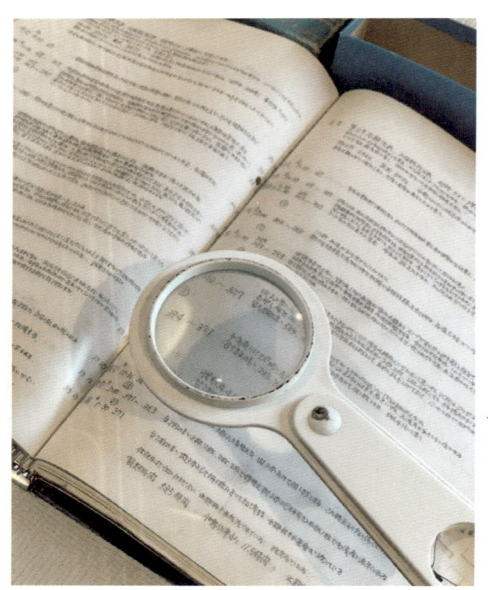

◀ 치토세쓰루 생산 일지.

▶▲ 일본청주주식회사 현관과 스기다마.

▶▼ 치토세쓰루 탄초조.

홋카이도 식재료
페어링의 완성

마루스시
まる鮨

4Chome-4 1F, Minami 6
Jonishi, Chuo Ward,
Sapporo, Hokkaido

닛카 블랙과 스시.

오늘은 혼자 홋카이도의 해산물로 만든 스시와 현지 사케를 즐기고자 길을 나섰다. 평소라면 예약 없이는 들어가기 어려운 곳인데, 운 좋게도 딱 한 자리가 비어 있었다.

마루스시는 미쉐린 1스타 레스토랑으로, 열 석 규모의 다찌로 구성된 아담한 곳이다. 카운터석은 마치 불상의 뒷면처럼 화려한 배경도 음악도 없이 경건한 분위기마저 느껴진다. 히노키 테이블 아래에는 생선을 보관할 수 있는 냉장 쇼케이스가 빌트인으로 제작되어 있다. 정갈하게 손질된 생선을 보는 것만으로도 벌써 기대감이 커진다. 왼편에는 등푸른 생선과 붉은살 생선들이, 오른쪽에는 관자를 비롯해 뽀얀 속살을 드러낸 흰살 생선들이 보인다. 그 옆으로는 각종 조개와 성게알, 명란 등이 가지런히 놓여 있다.

시간이 되자 마스터가 무대로 나왔다. 레스토랑의 무게감에 비하면 젊은 셰프다. 나중에 들어보니, 2016년부터 아버지를 이어서 가게를 운영하고 있다고 한다. 1985년생인 가와사키 준노스케 씨는 나와 동갑이었다. 첫 번째 스시로는 강렬하게도 아지(전갱이)가 나왔다. 이어서 광어 두 점과 광어 지느러미 한 점을 정갈하게 플레이트에 얹어주었다.

"술과 함께 즐기고 싶은데, 추천해주실 수 있나요?"

"저희 집은 홋카이도 술을 주로 소개하고 있어요. 사케 어떠세요?"

"홋카이도 사케, 너무 좋아요!"

마루스시 카운터석.

"추천해드릴 사케는 가미카와다이세쓰 양조장의 사케 예요."

"도쿠리로 부탁드려요."

반투명한 유리로 된 호리병에 차가운 사케를 담아 내주었다. 가미카와다이세쓰上川大雪 슈조는 홋카이도 가미카와정에 위치한 사케 양조장으로, 2017년에 설립된 비교적 신생 양조장이다. 홋카이도의 맑은 물과 지역 쌀을 사용해 고품질의 사케를 생산하고 있다. 도쿠베츠 준마이 수이세이彗星. 홋카이도 쌀인 수이세이를 백퍼센트 사용해 만든 사케다. 정미율은 60%로, 쌀의 겉부분을 40% 깎아내 정성스럽게 양조했다. 알코올 도수는 16%로, 머스크멜론의 향긋함이 묻어나면서도 깔끔하고 드라이한 맛이 아주 마음에 든다.

이어서 문어를 시소 꽃과 함께 내준다. 그리고 어란, 장어구이, 성게알 군함말이가 차례대로 나왔다. 녹진한 해산물의 맛이 입 안에서 터진다. 홋카이도 혀산물의 진수를 만나고 있는 듯하다. 사케와의 궁합도 더할 나위 없이 완벽하다. 어느덧 사케를 다 비웠다.

'술이 좀 부족한데!'

옆자리를 힐끗 스캔했다. 도쿄에서 왔다는 아저씨들은 온더록스로 위스키를 즐기고 있다. 묵직한 바카라 잔에 마시는 위스키가 시원해 보인다.

"저도 위스키 온더록스로 한 잔 주세요."

"술을 제대로 즐길 줄 아네요!"

옆자리 아저씨 일행이 내 주문에 껄껄 웃으면서 맛있게 즐기라며 인사를 건넸다. 셰프는 묵직한 잔에 블랙 닛카를 부어주었다. 마루스시의 가격대를 고려했을 때, 너무 평범한 위스키를 내주기에 속으로 조금 놀랐다. 그런데 한 모금 맛보니, 특유의 묵직하면서도 가벼운 스모크 터치가 학꽁치, 갯장어처럼 풍미가 강한 스시와 잘 어울렸다. 셰프에게 왜 이 위스키를 선택했는지 물어보았다.

"저희 집의 샤리(밥)가 조금 단 편이거든요. 그래서 묵직하면서도 조금 거친 블랙 닛카가 어울린다고 생각했어요."

▲ 가미카와다이세쓰 슈조의
　도쿠베츠 준마이 수이세이.

▼◀ 전갱이 스시.

▼▶ 성게알 군함말이.

대학교 캠퍼스 안에 있는 사케 양조장

가미카와다이세쓰 슈조
上川大雪酒造 碧雲蔵

Nishi 2 Sen-15-1,
Inadacho, Obihiro,
Hokkaido

가미카와다이세쓰 슈조 제2양조장.

마루스시에서 만났던 가미카와다이세쓰 슈조의 사케, 여러 파인 다이닝과 사케 바에서 경험해보니 내 취향과 잘 맞아서 점점 궁금해졌다.

설립자인 쓰카하라 도시오塚原敏夫 씨는 과거 금융업계와 헤드헌팅 기업에서 일한 뒤, 2017년에 양조장을 시작했다. 그는 홋카이도의 풍부한 자원을 활용해 지역과 상생하며 고품질의 사케를 생산하겠다는 비전을 품고 있다. 초대 토지인 가와바타 신지川端慎治 씨는 오타루 출신으로 이시카와, 후쿠오카, 야마가타, 이와테, 군마 등에서 오랜 수련을 쌓은 베테랑 장인이다. 2010년에 킨테키 슈조에서 토지로 취임해 홋카이도산 쌀 긴푸로 빚은 다이긴조가 전국 신주 감평회에서 금상을 수상한 경력이 있다. 그의 철학은 극단적인 맛이 아닌, 평범하면서도 누구나 맛있게 마실 수 있는 술을 만드는 것이다. 홋카이도 방언으로 '노마사루飲まさる 사케'라는 것인데, 이 말은 나도 모르게 자꾸 마시게 되는 술이라는 뜻이다. 그는 홋카이도 쌀의 잠재력을 믿고, 지역 쌀로 최고의 사케를 빚는다는 자부심을 가지고 있다.

현재 가미카와다이세쓰 슈조는 단일 양조장이 아니라 홋카이도 내 3개의 거점 양조장을 중심으로 운영된다. 먼저 2017년 7월에 설립한 가미카와 정上川町 본점 롯큐구라綠丘蔵는 다이세쓰잔大雪山 국립공원 인근에 위치해 있다. 인구 3천여 명의 작은 마을에서, 버려진 목조 우체국 건물을 리노베이션해 양조장으로 재탄생시켰다. 홋카이도에서 거의 50년 만에 탄생한 신규 사케 양조장이었다. 자연과 조화를 이루는 양조를 철학으로, 소규모 수작업으로 생산하며, 지역과 함께 성장하는 것을 목표로 삼고 있다.

가미카와다이세쓰 슈조의 제2양조장은 2021년 오비히로에서 옛 농업 고등학교 부지를 리노베이션해 세워졌다. 제2양조장은 지역 밀착형 양조를 중심으로 진행되는데, 지역의 농업 및 유기농 쌀 생산자와 연계한다는 점이 눈길을 끈다. 한편으로는 오비히로 축산대의 식품공학, 발효, 농업경영 관련 학과와도 협력해 지속가능한 농식품 순환 체계를 구축하기 위해 공동 연구를 진행하고 있다. 홋카이도산 쌀 품종인 긴푸, 스이세이, 기타시즈쿠 등을 연구하고 양조를 실험한다. 과거의 교육 공간을 지역 커뮤니티와 청년 일자리 창출의 중심지로 재구성한 것이다.

제3양조장은 하코다테의 고료노구라 五稜乃藏이다. 역시 2021년에 설립한 가장 새로운 양조장으로, 서양과 일본의 문화가 융합된 하코다테의 역사적 정서와 항구 도시 특유의 개방성을 반영한다. 전통과 혁신을 조화롭게 담은 브랜딩과 현대적인 감각이 돋보인다.

이렇듯 가미카와다이세쓰 슈조는 홋카이도 전역에서 생산되는 쌀과 물 그리고 사람을 양조의 주체로 삼아 지역 농업과 술의 공생을 실현하고 있다. 각 양조장은 단순한 생산 시설이 아니라 지역과 대화를 나누는 거점으로 설계되었다는 점이 인상적이다. 농업 → 발효 → 식문화까지 이어지는 지속가능한 지역 생태계를 구축하고, 젊은 인재들이 '양조'라는 전통 분야에서 학문적 열정과 혁신을 꾀할 수 있도록 돕는다는 사실이 대단하게 느껴졌다 마침 제2양조장은 숙박 예정인 산요안에서 20분 거리여서 함께 둘러보면 좋겠다는 생각이 들었다.

가미카와다이세쓰 슈조 제2양조장

3월의 첫 주, 오비히로는 여전히 눈으로 덮여 있었다. 허리까지 쌓인 눈 언덕 사이로 난 길을 따라가자, 고요히 뻗은 자작나무 숲 너머로 짙은 군청색 건물이 모습을 드러냈다. 벽면에는 선명한 흰 글씨로 '上川大雪酒造 Kamikawa Taisetsu Sake Brewery'라는 브랜드명이 세로로 새겨져 있고, 눈밭 위로 글씨가 또렷하게 떠올랐다. 다치 눈 속에 감춰진 실험실 같은 양조장은 조용하고 단단한 인상을 풍겼다. 자연의 시간 속에서 술이 빚어지고, 눈과 술이 함께 숨 쉬는 곳이었다.

제2양조장은 '헤키운구라碧雲藏'라고 부른다. '푸른 구름의 양조장'이라는 의미다. 오비히로 축산대학 캠퍼스 내에 위치해 있다. 안으로 들어서자 나무 향기와 맑은 공기가 섞여 흐른다. 오비히로의 양조장은 도카치 지역에서는 약 40년 만에 탄생한 양조장이자 현재 유일한 사케 양조장이다. 일본에서 최초로 대학 안에 설치된 양조장이기도 하다. 홋카이도산 쌀과 히다카 산맥에서 뻗어 나오는 사루 강

◀▲ 양조장 입구.

◀▼ 오비히로 축산대와 가미카와다이세쓰 슈조의
협업을 보여주는 현수막.

▲ 가미카와다이세쓰 슈조 제2양조장 헤키운구라.

의 지하수로 사케를 빚는다.

한 병의 사케가 만들어지기까지

복도를 따라 이어지는 통로 옆 유리창 너머로 생산 현장이 보였다. 견학 공간은 거의 모든 공정을 왼쪽에서 오른쪽으로 순차적으로 볼 수 있는 구조로, 이동 동선이 짧고 매우 컴팩트하게 설계되었다. 생산 규모는 한 탱크당 660~720kg으로 소규모지만, 다수의 젊은 양조인이 함께하며 실험과 창의적인 생산이 가능한 구조다. 깔끔하게 정돈된 작은 공간에서 몇몇 양조사들이 조용한 손놀림으로 술을 빚고 있었다. 말은 없지만 모두가 무언가를 듣고 있는 듯한 분위기다. 효모의 숨소리, 쌀이 풀리는 온도, 발효조의 온기. 술이 스스로 말을 걸어오는 공간이었다.

눈 덮인 외관과는 달리 양조장 내부는 눈보다 더 깨끗하고 단정했다. 생산 동선을 따라 걷다 보면 처음 마주하는 공간이 '가마바·센마이바釜場·洗米場'다. 쌀을 씻어 물에 담근 후 찌는 공정이 이뤄지는 곳이다. 양조인들은 청결한 위생복 차림으로 파란 통을 정성스레 세척하고 있었다. 바닥에는 물이 튀고 공기 중엔 미세한 증기와 함께 쌀 특유의 은은한 단내가 감돌았다. 세척한 쌀은 다음 날 고시키(시루)에서 약 60분간 찌고, 이후 조곡실, 배양실, 주모실로 운반된다. 쌀 세척과 찌기는 그 어떤 공정보다 정교하게 이뤄져야 하며, 이 단계를 거친 쌀의 상태에 따라 술의 품질이 좌우된다고 해도 과언이 아니다. 이처럼 헤키운구라의 양조는 철저한 위생, 정밀한 수작업, 그리고 쌀을 다루는 세심한 태도에서 시작된다.

다음으로 살펴본 공간은 '코지무로麴室'였다. 사케의 핵심 향미를 좌우하는 '누룩'을 만드는 방이다 누룩을 만드는 공간은 온도와 습도 조절에 민감한 만큼 외부 공기나 습도의 영향을 받지 않도록 제한된 구조로 설계되어 있다.

고시키에서 찐 쌀은 적정 온도로 식힌 뒤 누룩실에 넣어 약 50시간 동안 균을 배양한다. 이 과정을 거쳐 생성된 누룩은 다음 단계인 '슈보시쓰酒母室'로 옮겨진다. 술의 모태라 불리는 '주모酒母'를 만드는 과정이다. 누룩은 바로 큰 탱크에 담아 발효시킬 수 없고, 먼저 건강하고 활력이 넘치는 효모를 증식시켜야 한다. 이 과정을 통해 쌀 속의 전분이 사케 양조에 필요한 당으로 분해되며 술의 향과 깊이가 생겨난다. 주모는 소량의 찐쌀과 누룩, 물, 그리고 효모를 배합해 약 한 달 동안 천천히 배양한다. 온도와 시간, 균형이 중요한 이 발효의 시작 단계는 전체 양조의 품질을 좌우하는 핵심 공정이다.

모든 재료가 갖춰진 뒤 본격적인 발효가 이루어지는 공간이 바로 '시코미코仕込庫'다. 주모, 누룩, 찐쌀, 물이 하나로 모여 발효를 이루는 방이라는 의미다. 이곳은 '발효실'이자 '모로미もろみ(발효 원액)'가 완성되는 곳이다. 헤키운구라에는 총 12기의 발효 탱크가 있으며, 그중 약 10기가 동시에

▲ 발효 탱크.

▲▶ 2024년 홋카이도산 긴푸 55% 정미율 일등미.

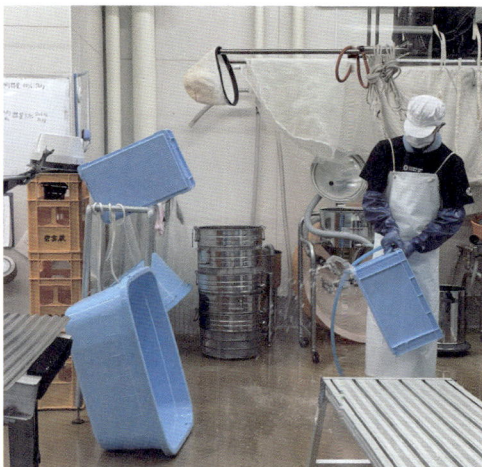

▲ 가미카와다이세쓰 슈조의 가마바·센마이바.

▼ 카미카와다이세쓰 슈조의 누룩방.

운영되는데, 20일 이상 장기 저온 발효한다. 발효의 온도와 시간에 따라 사케의 풍미와 질감이 결정되며, 발효 중간에도 양조인의 미세한 조정이 계속된다. 사람의 손끝과 감각이 만들어낸 사케는 이 공간에서 비로소 술이 되어간다. 발효실에는 "양조인의 마음까지 함께 발효되어 술로 승화되어 간다"는 문장이 적혀 있었는데, 이 공간의 진심을 대변하는 듯했다. 발효 중인 모로미는 단순히 쌀과 물, 효모의 집합체가 아니다. 그 안에는 양조인의 감각, 고민, 기술, 그리고 온기까지 함께 스며든다. 한 병의 술은 그렇게 완성된다.

발효를 마친 모로미는 이제 마지막 공정을 향해 나아간다. 그 종착지가 바로 '후나바^{槽場}', 즉 사케를 짜내는 공간이다. 모로미는 압착기를 통해 걸러지고, 그 결과물은 맑은 술^{淸酒}과 술지게미^{酒粕}로 나뉜다. 흰색 거름막 아래로 천천히 흘러나오는 금빛을 띠는 맑은 액체는 언제 보아도 신비롭다. 사람의 손으로 빚은 시간이 술이라는 형태로 응축되는 순간이다. 모든 술이 이 단계를 거쳐 완성이라는 이름으로 병에 담긴다.

완성된 술은 마지막으로 '빙즈메바^{瓶詰め場}', 즉 병입실로 이동한다. 이곳에서는 술이 병에 담기고, 소비자에게 전달될 수 있도록 최종적인 마무리가 이루어진다. 대부분의 사케는 약 65도 내외로 저온 살균 과정을 거쳐 효모의 활성을 멈추고 술의 맛을 안정화시킨다. 병입 후 라벨링까지 마

치면 출하 전의 검수 탱크로 옮겨진다. 이처럼 한 병의 사케에는 농부의 손길, 양조인의 기술과 정성, 자연의 흐름, 그리고 마시는 사람을 위한 마음이 함께 담긴다.

시음의 순간

양조장 투어의 마지막에 우리는 세 종류의 사케를 시음할 수 있었다. 모두 헤키운구라에서 생산된 사케로, 각각 개성과 용도가 뚜렷했다.

치쿠다이슈畜大酒는 오비히로 축산대학과의 협업으로 생산된 특별한 사케로, 깔끔한 미네랄과 단단한 구조감이 특징이다. 신선한 멜론과 바나나 껍질의 뉘앙스가 가볍게 피어나며, 뒷맛은 드라이하게 마무리된다. 교육적 실험성이 담긴 만큼 균형보다는 '가능성'과 '과정'에 집중한 인상을 주었다.

도카치 홋카이도十勝HOKKAIDO 준마이다이긴조는 이 양조장의 플래그십 중 하나로, 기타시즈쿠를 35%까지 정미해 만든 준마이다이긴조다. 향은 백화, 유자 껍질, 백도를 떠올리게 하며 놀라운 부드러움과 단정한 미감을 남긴다. 마치 눈을 녹인 듯한 감각이다. 섬세한 일식이나 사시미와 잘 어울릴 듯한 사케다.

도카치 위드 치즈十勝 with Cheese는 치즈와의 페어링을 위해 개발된 제품이다. 청포도, 라임, 요거트의 상큼함이 조화를 이루며, 이름 그대로 크리미한 치즈와의 궁합이 뛰

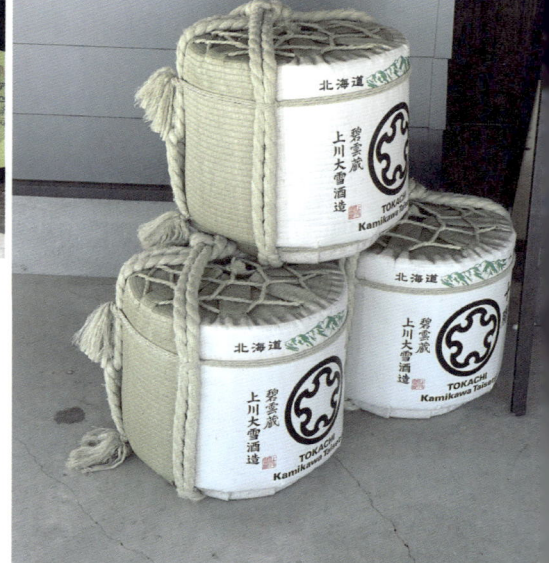

◀ 가미카와다이세쓰의
  목통 숙성 사케.

▲ 가미카와다이세쓰
  슈조의 시음주.

▶ 가미카와다이세쓰
  슈조의 코모다루.

어나다. 중후반에는 살짝 고소한 누룩의 깊이도 느껴지며, 버섯 리조토나 고르곤졸라 같은 강한 향미의 음식이나 유제품과도 잘 맞는다. '사케의 새로운 가능성'이라는 타이틀이 어울리는 사케다.

세 잔 모두 긴 여운을 남겼고, 각기 다른 방향에서 홋카이도의 풍토와 철학을 드러냈다. 향은 섬세했고 맛은 깨끗하면서도 단단했다. 쌀의 단맛과 미네랄, 그리고 약간의 산미가 균형을 이루고 있었다. 한 잔의 사케가 전하는 감각은 복잡하지만 동시에 명확했다. 이곳에서 빚어진 술은 홋카이도의 겨울처럼 청명하고 이른 봄처럼 부드러웠다.

피트가 들어간 온천수와
료칸에서 만난 사케

도카치가와 온센 산요안

十勝川温泉 三餘庵

13 Chome
Tokachigawaonsenminami,
Otofuke, Kato District,
Hokkaido

산요안 라운지.

홋카이도 도카치 평야의 끝자락 오토후케 초에 자리한 고요한 온천 산요안. 오직 11개 객실만 운영하며, 단 한 명의 투숙객도 허투루 대하지 않는 섬세한 힐링의 성지다. 홋카이도를 대표하는 고급 료칸으로, 이곳 온천만을 즐기기 위해 홋카이도를 방문하는 이들이 있을 정도로 유명해서 평소 궁금해하던 곳이다.

삿포로 역을 기준으로 약 3백 킬로미터 떨어져 있기 때문에 차로 세 시간을 달려 도착했다. 체크인 절차를 마치니 공간 투어를 시작하며 산요안 이용법을 소개했다. 우선 눈에 들어온 것은 큰 창으로 설원이 보이는 라운지에서 즐기는 웰컴 드링크. 오후 3시부터 5시까지 제공되는데, 오늘의 홋카이도 와인(매일 바뀜)과 홋카이도 우유, 생맥주, 아마자케, 허브티, 도카치산 검은콩 차 등 다양한 음료가 준비되어 있었다. 함께 온 지인들과 웰컴 드링크를 즐기고, 이후 저녁 식사 시간에 다시 모이기로 했다

2층으로 올라와 객실 문을 열었다. 단정한 다다미방과 응접실, 눈 내린 풍경이 펼쳐지는 테라스, 그 옆으로 연결된 프라이빗 온천까지, 오랜 세월이 내려앉은 고요함과 따뜻함이 묻어났다. 대욕장도 있지만 오늘은 개인 온천을 즐겨보기로 했다. 히노키 욕조에 갈색빛이 감도는 온수를 틀고, 가만히 물이 담기는 소리에 집중했다. 산요안의 모든 객실에는 식물성 유기질을 풍부하게 함유한 모르온천モール温泉이 공급된다. 세계적으로도 드문 이 온천수는 흙에서

◀◀ 산오안의 라운지 바.

◀ 산요안의 버드 워칭을 할 수 있는 가이드와 망원경.

▼ 산요안의 객실과 모르 온천.

발효된 식물에서 유래한 미네랄이 풍부하고 감촉이 매끄럽다. 피부에 감기듯 스며드는 느낌은 마치 물 안에서 일광욕을 즐기는 것처럼 따뜻하고 부드럽다. 이 물에 몸을 담그면 시간이 멈춘 듯한 감각을 경험하게 된다.

천천히 온천을 즐기다가 일본어와 영어로 모르 온천에 대해 설명한 현판에 자연스럽게 눈길이 갔다. 익숙한 단어 '피트peat'가 보인다. 맥아를 건조할 때 피트(이탄)를 사용해 만든 스모키한 위스키를 '피티드 위스키'라고 하는데, 여기서 왜 이 단어가 등장한 걸까? 설명을 읽어보니 모르Moor는 원래 독일, 헝가리 등의 이탄 습지대를 뜻하는 단어인데, 이 지역의 온천수는 이탄 성분을 비롯해 식물에서 유래한 유기질이 풍부하며 미용과 치유 효과가 있다고 한다. 도카치가와 온천은 이 유럽식 '모르 온천'과 유사한 특성을 지녀 '일본의 모르 온천'으로 불린다. 도카치 지역에는 빙하기 이후 형성된 저습지와 강변 퇴적층이 많아 이탄층이 발달했는데, 이곳에서 솟아나는 온천수가 바로 '모르 온천'이다. 산요안의 가장 큰 매력으로 모르 온천수가 공급되는 객실별 프라이빗 온천을 많이 꼽는다. 모르 온천에 대한 설명을 읽다 보니 스모키한 풍미가 있는 요이치 위스키를 한 잔 마시면 좋겠다는 생각이 들었다.

개운하게 씻고 편안한 유카타로 환복한 뒤, 저녁 식사 장소로 내려왔다. 오늘 저녁 식사는 홋카이도 식재료로 만든 스키야키 코스로 시작된다. 도카치 와규의 부드러운 육질은 입 안에서 사르르 녹고, 산뜻한 유자 폰스와 완벽한 밸런스를 이룬다.

함께 곁들인 사케는 아키타 현 아라마사 주조의 'No.6 X-type 나마자케 2024'. 일본에서 가장 오래된 효모 중 하나인 'No.6 효모'를 사용한 나마자케로 은은한 청사과와 허브 향, 깨끗한 뒷맛이 매력적이다. 스키야키의 풍성한 감칠맛을 감싸주면서도, 혀끝에 남은 미끈한 느낌을 사케의 산미로 정리해주는 마무리도 인상적이다.

테이블에 오른 또 하나의 놀라운 사케는 바로 2021 빈티지의 핑크색 병에 담긴 '미에자루핑크노유니콘'이었다. 아라마사의 핑크 유니콘을 산요안에서 만날 수 있다는 사실에 흥분을 감추지 못하고 주문했다. 과일 향과 산미, 섬세한 쌀의 단맛이 어우러져 마치 로제 와인을 연상시키지만, 그 복합성은 사케 본연의 깊이를 지니고 있다. 라벨만큼이나 환상적인 이 사케는 그날 밤의 대화와 웃음, 여운을 부드럽게 이어주는 존재였다. 바로 며칠 전 모로하쿠에서 만났던 터라 그 맛이 생생했는데, 이날 만난 핑크 유니콘은 완전히 다른 사케였다. 육즙, 향, 온도, 그리고 사케의 산미와 감칠맛이 조화를 이루며 완성되는 식사의 리듬은 미각의 교향곡이라 할 만했다.

8코스의 식사가 마무리되자 출출할 때 즐기라며 도시락을 건네주었다. 방에 올라와 열어보니 유부초밥이 들어 있다. 다정하기도 해라! 우리는 각자 재정비하고 다시

한 방에 모였다. 여기 오기 전 삿포로 해산물 시장에서 구입한 가벼운 안주로 사케를 마시기로 했다. 오늘 밤의 사케는 '노카노사케農家の酒'다. 귀여운 농부와 밭의 풍경이 그려진 라벨이 마음에 들어 함께 마시려고 됫병(1.8리터)으로 구매한 것이다. 홋카이도 아사히카와 시의 양조장 다카사고高砂 슈조에서 만든 준마이긴조다. 다카사고 슈조는 1899년에 설립된, 홋카이도 북부를 대표하는 전통 양조장이다. 사계절의 온도 차를 살린 저온 발효 기술에 강점을 갖고 있다. 노카노사케는 '농가의 술'이라는 이름처럼, 아사히카와 시민과 함께 모내기·벼베기를 하여 완성한 아사히카와의 토속주이다. 향긋한 배와 사과 향이 느껴지며, 부드럽고 깔끔하다. 크래커에 사워크림, 성게알, 연어알을 하나씩 쌓아 올린 카나페를 안주 삼아 사케를 맛보았다. 사케는 적절한 산미와 은근한 감칠맛이 있어 해산물과 잘 어울렸다.

잠자리도 편안하고 공기도 좋아서인지 전날의 과음에도 불구하고 아침 일찍 눈이 떠졌다. 느긋하게 대욕장으로 내려가 보니 아무도 없어서 더 좋았다. 대욕장은 보통의 일본 온천처럼 매일 남탕과 여탕의 위치가 바뀐다. 그래서 하룻밤을 묵어도 전날 밤과 뷰가 다른 대욕장에서 아침 목욕을 즐길 수 있다.

아침 식사는 서양식과 일본식 중에 고를 수 있는데, 밥

▲ 산요안의 디너.

▼ 료칸에서 즐기는 노카노사케와 안주.

심을 믿는 나는 일본식을 골랐다. 구운 생선, 제철 채소 반찬, 절임류, 달걀찜, 된장국, 따뜻한 쌀밥. 하나하나 간결하면서도 정성이 느껴지는 구성이다. 특히 뷔페 공간에 따로 마련된 제철 채소 샐러드와 하야시 라이스가 맛있었다. 밤새 온천과 스파로 정화된 몸에, 따뜻하고 균형 잡힌 식사는 든든한 안정감을 선사한다.

산요안은 다채로운 서비스를 앞세우지 않는다. 대신 고요함, 따뜻함, 배려, 그리고 정제된 환대로 완성되는 진짜 '쉼'을 제공한다. 자연의 향과 온천의 온도를 느끼며, 나무 벽 너머 들리는 바람 소리에 귀 기울이는 시간… 홋카이도의 대지에 안긴 이 작은 료칸에서 진정한 회복을 경험했다.

◀ 산요안의 조식.

120년 전 양조장에서 만난
빙설 숙성 사케

다카사고 슈조

高砂酒造

17 Chome-右1号
Miyashitadori, Asahikawa,
Hokkaido

1899년 메이지 시대에 지어진 다카사고 슈조의 입구. 당시 이름은
고히야마 酒希山 슈조점이었다.

3월 초순인데도 굵은 눈발이 쉼 없이 흩날리고, 발밑엔 쌓인 눈이 얼음처럼 무겁게 들러붙었다. 그 가운데 모습을 드러낸 다카사고 슈조는 마치 설경 속에 박제된 하나의 그림 같았다. 어두운 색의 목조 외벽과 흰 벽면이 대비를 이루는 전통적인 양조장 건물이다. 지붕 위에는 눈이 두텁게 쌓여 있고, 처마 끝에는 뾰족뾰족한 고드름이 길게 매달려 있다.

입구 위에는 역시나 스기다마가 달려 있고, 진한 남색 바탕에 흰 글씨로 '酒'라고 쓴 큼지막한 포렴이 걸려 있다. 양조장 앞에는 '아사히카무이旭神威'라 적힌 깃발이 꽂혀 있고, '고쿠시무소国土無双' 등의 사케 브랜드가 적힌 포렴이 담장 곳곳에 걸려 있다. 양조장의 존재감은 조용하지만 강렬하다. 전통의 무게를 고스란히 담은 외관은 사케의 깊이와 시간을 미리 알려주는 듯했다.

다다미방에서 마주한 사케의 시간

문을 밀고 들어가니 눈발이 날리는 바깥의 날씨와는 전혀 다른 온기와 향이 퍼졌다. 그 순간, 술의 시간 속으로 발을 들였다는 실감이 났다. 양조장 안쪽에 마련된 실내 박물관은 마치 시간이 멈춘 듯 고요했다. 다다미가 깔린 방에는 한가운데에 화로가 자리 잡고 있어 일본 전통 가옥의 정취가 고스란히 살아 있다.

화로 위에는 주철 주전자가 매달려 있는데, 주전자를

거는 갈고리 장치에는 정교하게 조각된 물고기 모양의 장식이 달려 있다. 일본 전통 가옥에서 흔히 볼 수 있는 이로리(화로)와 지자이카기自在鉤의 전형적인 형태다. 지자이카기에 붙은 물고기 모양의 장식은 주전자의 높낮이를 조절하는 데 사용되며 집안의 풍요와 복을 상징한다.

벽면에는 서예 병풍이 세워져 있고, 한 켠에는 다카사고 슈조의 도쿠리와 사케 잔이 가지런히 놓여 있다. 하나는 토기, 또 하나는 유백색 도자기로, 손에 주면 온기가 느껴질 것 같은 정감 어린 형태다. 마치 사케를 마시던 옛날의 한 장면을 그대로 옮겨놓은 듯하다. 이 공간은 그 자체로 술이란 사람의 손길과 숨결이 깃든 삶의 일부라는 것을 조용히 말해주고 있었다.

양조장의 한쪽 벽면에는 시간의 흔적을 간직한 역사 전시실이 마련되어 있다. 오래된 나무 액자에는 쇼와 초기 시대의 다카사고 양조장 조감도가 담겨 있는데, 당시 양조장의 전경과 함께 주변의 들판, 농가, 굴뚝에서 피어오르는 연기까지 생생하게 표현되어 있다. 세월은 흘렀지만 술을 빚는 정신은 여전히 그 자리에 머물고 있는 듯했다.

다른 벽면에는 수십 년 전 양조장 사람들의 단체 사진이 큼직한 액자에 담겨 있다. 기모노를 차려입은 모습은 어떤 의례의 순간을 기록한 듯 경건했는데, 그들의 표정에서 사케를 빚는 일에 대한 자부심과 긴장감이 느껴졌다. 이 벽면은 단지 '과거를 전시한 공간'이 아니라 사케와 함께

▲ 일본 전통 건축에서 흔히 사용된 창문 형식으로, 두껍고 입체적인 프레임과 이중문 또는 삼중문의 구조를 가졌다. '도조마도土藏窓' 또는 '구라마도藏窓'라고 부른다.

▶▲ 1929년에 지어진 다카사고 슈조 제조 공장. 일본에 현존하는 철근 콘크리트조 건물 중 세 번째로 오래된 건물이다.

▶▼◀ 다카사고 슈조 본사 사무실.

▶▼▶ 다카사고 슈조 창고.

살아온 사람들의 시간이 고스란히 담겨 있는 이야기의 벽이었다.

다카사고 슈조의 역사와 주요 사케 브랜드

1899년에 시작된 다카사고 슈조는 백 년이 넘는 역사를 자랑하는 아사히카와의 대표적인 사케 양조장이다. 홋카이도의 혹독한 겨울 기후와 청정한 자연환경을 담아내며, 특히 '빙설(氷雪) 숙성 사케'로 유명하다.

아사히카와는 홋카이도 내에서도 매우 추운 지역으로, 낮은 기온과 깨끗한 물은 사케 양조에 최적의 조건을 제공한다. '긴푸'처럼 홋카이도산 사케 전용 쌀을 사용한다. 다카사고 슈조에서 가장 유명한 브랜드는 1975년에 탄생한 '고쿠시무소'다. 날카로운 드라이한 맛과 깔끔한 뒷맛이 특징이다. 다카사고 슈조의 모리모토 요시히사(森本良久) 토지는 전통의 맛을 유지하는 일을 매우 중요시하며 매년 변함없는 품질의 사케를 내놓기 위해 심혈을 기울인다. 다양한 등급(준마이, 다이긴조, 혼조조 등)으로 출시되며, 홋카이도의 사케 팬들에게 인기가 많다.

'다이세쓰(大雪)'는 홋카이도 특유의 '빙설 숙성' 사케 시리즈다. 빙설 숙성은 0℃ 이하, 결빙 직전의 온도에서 장기 숙성하는 방식으로, '빙온 저장(氷温貯蔵)'이라고도 부른다. 인근 비에이(美瑛)의 두터운 눈 속에 생주(生酒) 탱크를 묻어두고 눈이 녹을 때까지 저온 숙성시켜 만든다. 한겨울의 눈 창고에서 서서히 숙성되기에 맛이 부드럽고 깊으며, 이 지역에서만 가능한 독특한 풍미를 자랑한다. 플래그십 제품으로 아사히카무이가 있다.

그 외에 전통적인 양조법을 계승한 브랜드로 '다카사고高砂'가 있다. 홋카이도산 쌀을 40%까지 정미해 만든 프리미엄 사케로 깔끔하면서도 우아한 단맛과 균형 잡힌 산미가 특징이다.

다카사고 슈조의 최고 양조 장인의 양조 철학

다카사고 슈조의 최고 양조 책임자는 모리모토 요시히사 토지다. 오비히로 축산대학을 졸업하고 1991년 일본청주주식회사에서 양조 경력을 시작했다. 당시 '명공名工'으로 불린 쓰무라 와타루津村弥 토지 밑에서 17년간 사케 빚는 법을 수련한 후, 2008년에 다카사고로 자리를 옮겨 같은 해 12월에 토지로 부임했다.

30년이 넘는 경력의 모리모토 토지는 "양조 책임자인 토지가 바뀌면 맛도 바뀌기 쉽다"면서, 레시피 자체는 바꾸지 않더라도 해마다 달라지는 쌀의 품질이나 양조 여건으로 미묘한 차이가 생길 수 있다고 말한다. 이러한 변화까지 최소화하며 오랜 팬들도 알아채지 못할 정도로 일관된 맛을 내는 것이 중요하다고 강조한다.

또한 모리모토 토지는 지역의 자연환경과 원재료의 장점을 극대화하는 양조 철학을 펼치고 있다. 그는 "홋카이도만의 조건인 물, 쌀, 기후 등 주어진 환경의 강점을 백퍼센트 살려낸다면 최고의 결과를 낼 수 있다"고 말한다. 실제로 다카사고 슈조는 홋카이도산 양조미(긴푸, 스이세이, 기타시즈쿠 등)와 일본 각지에서 생산된 양질의 쌀을 적절히 활용하며, 각각의 술에 가장 적합한 쌀 품종을 매칭한다. 모리모토 토지는 "좋은 쌀, 좋은 술, 그리고 좋은 관계"를 모토로 내세우며, 지역 농가와 함께 최고의 사케를 만들어가고자 노력한다.

그는 지역의 혹한을 활용한 독특한 양조법도 이어가고 있는데, 앞서 이야기한 '빙설 숙성' 사케 시리즈가 바로 그것이다. 모리모토 토지는 이런 수고로운 과정을 통해 만들어진 개성 있는 사케들이 "우리 양조장의 전통을 지켜나가는 증거"라며 자부심을 드러낸다. 한편으로는 사케의 품질을 향상시키기 위해 최신의 기술을 도입하는 데에도 주저하지 않는다. 체계적으로 분석·관리되는 데이터에 기반한 양조를 실천함으로써 2022년에는 전국 신주 품평회 금상을 수상하는 성과를 올리기도 했다.

▲ 다카사고 슈조의 시음 사케 잔.

▶▲ 다카사고 슈조의 시음 사케.

▶▼ 0℃ 이하, 결빙 직전의 온도에서 장기 숙성하는 방식으로 만든 아사히카무이.

가이세키 요리점에서 만난 홋카이도 사케

고료리 후지타

御料理ふじ田

21Chome-4-6 Minami 6
Jonishi, Chuo Ward,
Sapporo, Hokkaido

고료리 후지타의 사케 글라스.

비행기 연착으로 저녁 일정에 차질이 생겼다. 일행과 함께 예약해둔 가이세키 코스에 늦는 것은 매너가 아니어서 하는 수 없이 택시를 탔다. 좋은 술 한 병 값이 고스란히 고속도로에 뿌려졌다. 서둘러 택시를 타고 왔음에도 십 분이나 늦는 바람에 무거운 마음으로 식당에 들어섰다. 늦어서 미안하다고 정중하게 말씀드리고 자리에 앉았다. 셰프는 막 코스를 시작했다며 미소를 잃지 않고 의자를 내주었다.

가이세키 코스는 일반적으로 9코스로 진행되는데, 코스가 길기도 하지만 손님 모두의 속도에 맞춰 요리를 내주기 때문에 늦는 일만큼은 피해야 한다. 막 삿포로에 도착해서 정신없는 데다 정시에 도착하지 못해 기분이 가라앉았는데 셰프가 건네준 술잔 상자에 마음이 녹기 시작했다.

고료리 후지타는 미쉐린 2스타 레스토랑답게 시작부터 달랐다. 술잔 상자에는 영롱한 컬러의 에도키리코 글라스가 칸칸이 들어 있었다. 평범한 이자카야에서 고르던 술잔과는 비교할 수 없는 기품이 있다. 아름다운 술잔을 고르는 행위로부터 순식간에 미美의 세계로 이동해 코스의 시작에 집중할 수 있었다. 고심 끝에 빨간색 글라스를 골랐다. 글라스에는 곧바로 사케가 채워졌고, 빛나는 잔을 감상하며 코스가 시작되었다.(이 아름다운 잔의 구매처는 마지막 장에서 확인할 수 있다.)

식전주와 함께 내어준 사키즈케는 곤이와 은행 위에 곱게 간 어란을 올려, 금가루를 뿌린 듯했다. 부드럽고 감칠맛 나는 한입 음식을 맛보고 이어서 사케를 쪼르르 마시자, 비로소 삿포로에 도착한 실감이 났다.

가이세키 요리는 일본의 전통 코스 요리로, 제철 재료를 활용해 다양한 요리를 순서대로 제공한다. 일반적으로 다음과 같은 순서와 구성을 따른다.

① 사키즈케先付: 식전주와 함께 제공되는 전채 요리로, 식욕을 돋우는 역할을 한다.
② 니모노완煮物椀: 제철 생선이나 채소로 끓인 맑은 국물 요리로, 뚜껑이 있는 그릇에 담아 낸다.
③ 쓰쿠리造り: 신선한 생선회로 구성된 요리.
④ 야키모노焼物: 생선이나 고기의 구이 요리로, 가이세키의 메인 요리다.
⑤ 하시야스메箸休め: 입가심을 위한 가벼운 요리로, 절임이나 샐러드를 제공한다.
⑥ 핫슨八寸: 여러 가지 색상의 요리를 조금씩 한 접시에 담아 계절감을 표현한 요리로, 술과 함께 즐기기에 좋다.
⑦ 다키아와세炊き合わせ: 따로 익힌 생선과 채소를 한 그릇에 담아낸 요리.
⑧ 식사ご飯: 밥, 미소장국, 채소 절임 등이 제공된다.
⑨ 과자와 말차菓子と抹茶: 식후 디저트로, 계절 과일이나 화과자와 함께 말차가 제공된다.

▲ 가이세키 코스 01,
　사키즈케.

▼ 가이세키 코스 06,
　핫슨.

세 번째 코스인 쓰쿠리로 도미와 방어가 나왔다. 곁들이는 사케로는 홋카이도의 사케를 추천해 달라고 했다.

"니세코 슈조의 니세코 도쿠베츠 준마이는 어떨까요?"

"홋카이도 사케라면 좋아요! 홋카이도 쌀로 만든 사케일까요?"

"네, 홋카이도의 쌀인 '긴푸'를 사용했어요."

드라이한 사케는 깔끔해서 좋았다. 도쿠베츠 준마이는 정미율이 60% 이하인 준마이를 일컫는 이름이다. 오직 쌀, 누룩, 물만 사용해 쌀 본연의 맛을 살린 술이다. 추천해준 니세코 슈조는 홋카이도의 니세코 지역에서 전통적인 방식으로 사케를 제조하는 양조장이다. 이곳의 사케는 깔끔하고 담백한 맛이 특징으로, 다양한 요리와 잘 어울린다. 특히 니세코 슈조는 겨울철에만 사케를 제조하는 전통을 지킨다.

겨울철에만 사케를 제조하는 이유는 다음과 같다. 첫째, 저온 발효의 장점 때문이다. 겨울철의 낮은 기온은 사케의 발효 과정에서 천천히, 안정적으로 발효가 진행될 수 있게 해준다. 저온 발효는 효모가 천천히 활동하면서 깨끗하고 섬세한 맛을 만들어낸다. 둘째, 온도 관리의 용이성 때문이다. 전통적으로 사케 양조는 자연환경에 의존했기 때문에 기온이 낮은 겨울철이 온도 조절에 용이했다. 요즘은 인공적으로 온도를 조절할 수 있지만, 전통적인 방식을 지키기 위해 여전히 겨울철 생산을 고수하는 양조장이 많

▲ 고료리 후지타의 셰프들.

▶▲니세코 슈조의 니세코 도쿠베츠 준마이.

▶▼고료리 후지타의 셰프가 요리하는 모습.

다. 셋째, 깨끗한 물을 사용하기에 적합하기 때문이다. 겨울철에는 눈 녹은 물이나 지하수가 더욱 깨끗하고 순수하기 때문에 사케의 품질을 높이는 데 유리하다. 특히 홋카이도의 차가운 기후는 이 방법을 더욱 효과적으로 사용할 수 있게 해준다.

가이세키 요리와 홋카이도의 사케를 곁들이면서 맛있게 그릇을 비웠다. 곧 다가올 봄의 벚꽃을 기다리듯 사쿠라 모찌를 내주었다. 단순히 음식을 먹는 것을 넘어 요리사의 철학과 이 계절의 아름다움을 함께 경험했다.

셰프는 우리 일행이 서울에서 왔다는 말을 듣고 교토에서 함께 공부했다는 산로의 유성엽 셰프의 안부를 물었다. 함께 일한 적은 없지만, 교토에서 근무하던 시절에 동료로 가깝게 지냈다는 이야기를 들려주었다. 내일 갈 모닝 커피숍까지 추천받고 자리에서 일어섰다. 입맛과 마음을 사로잡는 가게에 가게 되면, 다른 가게도 꼭 추천해 달라고 부탁한다. 취향이 비슷한 사람들끼리 자연스럽게 모이게 되니 실패할 일이 거의 없다.

사케는 어디에서 구매하면 좋을까?

사쿠라모토 리큐어 스토어
Sakuramoto Liquor Store

7 Chome-4-4 Minami 10 Jonishi, Chuo Ward, Sapporo, Hokkaido

무려 1910년부터 4대에 걸쳐 운영해온 리큐어 스토어다. 홋카이도 사케뿐만 아니라 일본 전역의 명주를 만날 수 있다. 현재는 대표인 다케시 사쿠라모토를 포함해 11명의 스태프가 함께 운영하는 곳으로 '술과 사람, 사람과 사람을 잇는 것'이 자신들의 일이라고 생각한다.

삿포로 시내에 본점과 마루야마점 두 곳을 운영하므로 접근하기 좋은 곳에 들르면 된다. 일본 내 온라인 주문도 가능해, 숙소로 미리 주문한 사케를 받는 것도 편리한 방법이다. 그러나 본점 쇼케이스에 가장 다양한 술이 진열되어 있어, 직접 방문해 구경하는 재미가 쏠쏠하다.

Wine

일본에서 와이너리 투어를,
요이치의 와이너리

'일본 위스키의 아버지'라 불리는 다케쓰루 마사타카 竹鶴正孝(1894~1979년)는 백 년 전, 위스키를 배우기 위해 머나먼 스코틀랜드로 유학을 떠났다. 지금도 쉽지 않은 길이지만, 당시엔 더욱더 먼 여정이었다. 게다가 영국으로 가기 위해서는 먼저 미국을 거쳐야 했다. 그때 다케쓰루의 한 지인이 이런 조언을 한다. "이왕 미국을 거치는 김에, 미국의 와이너리에서 견습을 해보는 게 어때요?" 그 한마디 덕분에 다케쓰루는 스코틀랜드로 향하기 전 캘리포니아 나파 밸리에서 와인을 공부하는 시간을 가질 수 있었다.

다케쓰루의 여정에서 힌트를 얻어, 다음 장에서 본격적으로 펼쳐질 위스키 증류소를 살펴보기 전에 먼저 와이너리를 둘러볼 것을 추천한다. 다케쓰루가 일생의 위스키를 완성한 홋카이도의 요이치 지역은 최근 와인 생산지로도 각광받고 있다. 도멘 타카히코 소가 Domaine Takahiko Soga를 중심으로 도멘 몽 Domaine Mont, 란 셋카 Lan Seqqua의 코야치 Koyachi 등 다양한 생산자들이 비옥한 땅과 포도 재배에 적합한 기후 조건을 갖춘 이 지역에서 포도를 직접 재배해 와인을 만든다. 특히 기후 온난화로 인해 부르고뉴의 피노누아가 너무 익어버려 그 대체제로 북부 지역의 와인들이 거론되고 있는데, 그중 하나가 바로 요이치 지역이다.

와인 산지로서 요이치의 기후와 지정학적 특징

요이치 지역은 북위 43도에 위치해 있다. 'Amerin & Winkler climate map'에 따르면, 요이치는 프랑스 샴페인 지역과 동일한 1지역에 속하는 서늘한 와인 산지다. 겨울에는 눈이 많이 내리지만, 서리 피해는 거의 없다. 여름철에도 장마나 태풍의 영향을 거의 받지 않는다. 요이치는 포도나무가 눈으로 덮여 있는 서늘한 땅이지만, 홋카이도 전체로 보면 쓰시마 해류의 영향으로 전반적으로 기후가 온난하고 통풍이 잘되는 환경이다.

여름 평균 기온은 20도 전후, 겨울은 영하 2도 전후로 적설량은 많지만 최저 기온이 영하 10도 이하로 내려가는 일은 거의 없다. 여름부터 초가을에 걸쳐 상쾌한 날씨가 계속되어 비가 적은 것도 큰 특징이다. 그래서 이 지역에는 과수원이 많다. 특히 농업 인구의 50퍼센트가 포도와 사과 재배에 집중하고 있다. 요이치의 기후는 평균 기온, 일조 시간이 독일의 알자스 지역과 프랑스의 북 부르고뉴 지역과 비슷하다고 알려져 있다. 이 같은 요이치 지역의 독특한 테루아 덕분에 이곳에서 생산된 와인에서는 균형 잡힌 산미를 경험할 수 있다.

일본 와인과 홋카이도 와인

일본 와인이란 일본에서 재배된 포도만을 원료로 한 와인을 말한다. 2021년 일본 국세청 데이터에 따르면, 일본의 와이너리 수는 410개라고 한다. 2010년은 약 190개였다고 하니 불과 십 년 만에 두 배가 된 셈이다. 물론 모두가 좋은 와인을 생산하는 것은 아니기 때문에 옥석을 가릴 필요는 있다.

그렇다면 일본 와인의 특징은 무엇일까? 섬세함과 감칠맛, 우아함 외에도 홋카이도라면 북쪽 땅의 기운을 받은 시원함, 오카야마라면 세토내해瀬戸内海의 온난함처럼 와인의 테루아가 가진 특징을 꼽을 수 있겠다.

포도 재배란 기본적으로 농학農學이다. 포도라는 덩굴성 식물이 어떻게 대지에 뿌리를 내리고, 새싹을 틔우고, 가지와 덩굴이 뻗어나가는지, 또 어떻게 잎이 광합성해 포도의 열매에 향이나 맛 성분이 길러지는지를 연구하는 일이다. 또 포도 재배란 토양학이며 기상학이다. 포도의 맛은 지질이나 기후 등의 환경에 따라 달라진다. 한편 와인의 발효는 미생물학이다. 어떤 효소가 작용하고 어떻게 발효가 이루어지는지에 따라 와인의 맛은 전혀 달라진다.

또 다른 시각에서 보면 와인은 문학, 회화, 음악과 마찬가지로 문화의 산물이라 할 수 있다. 기원전 6000년경에 시작되었다고 알려진 와인 생산은 오랜 세월을 거치면서 하나의 문화, 또 학문으로서 탐구되었다. 와인을 마시는 매너가 자리 잡고, 음식과의 페어링을 즐기는 문화가 생겼났다.

    이처럼 와인을 이해하는 것은 결코 단순하지 않다. 와인 생산은 인류가 축적해온 총체적 사고의 곁실이므로, 생산자의 인물상을 그려보는 것도 분명 큰 의미가 있다고 생각한다. 생산자들의 인생을 알면, 같은 와인이라도 조금 더 입체적으로 다가올 것이다. 이번 홋카이도의 와이너리에서는 그들의 이야기를 조금 더 들려드리고자 한다.

일곱 종의 과일나무가 자라는 땅에서 만드는 와인

도멘 타카히코 소가
Domaine Takahiko Soga

1395 Noboricho, Yoichi,
Yoichi District, Hokkaido

8월 초중순에 방문한 도멘 타카히코의 피노누아 밭.

도멘 타카히코는 현재 홋카이도를 넘어 일본 현지에서 가장 핫한 와이너리 중 하나다. 우리나라에서도 유명한 와인 만화 『신의 물방울』 35권에도 소개됐을 만큼 현재 이 지역을 대표하는 와이너리라 할 수 있다.

이곳은 별도의 투어 예약이 어려워 자동차로 가볍게 포도밭을 둘러보기만 했다. 계절이 일러 아직은 알이 작지만 빼곡하게 자라고 있는 피노누아의 송이송이를 보니 기분마저 싱그러워진다. 도멘 타카히코는 유기농으로 포도를 재배하며, 특유의 섬세한 스타일을 자랑하는 피노누아가 유명하다.

소가 타카히코曽我貴彦 씨가 도멘 타카히코를 설립한 해는 2010년. 1974년에 요이치 와이너리가 시워지고 37년 만의 일이다. 메이지 시대부터 과일로 유명한 요이치에서 와인용 포도 재배에 도전하게 된 그의 이야기는 그야말로 흥미진진하다.

타카히코 씨는 지역 사회 발전이라면 언제든지 두 팔을 걷어붙이고 나선다. 지역에서 열리는 작은 페스티벌이라도 홋카이도와 요이치 지역을 대중에게 소개할 수 있는 기회라면 망설이지 않는다. 와인을 만드는 그의 실력과 철학이 널리 알려졌기 때문에 따르는 이들도 제법 있는데 본인의 노하우를 숨기지 않고 개방하는 것으로 유명하다. 단 이때에도 조건이 있다. 포도 재배와 와인 양조를 배우고 나서는 꼭 요이치 지역에서 와이너리를 시작할 것! 보통의 생

도멘 타카히코 입구.

산자라면 이후에 경쟁자가 될 수도 있는 사람이 발붙이지 못하도록 경쟁 금지 조약을 넣을 만도 한데, 이와는 정반대의 방향성을 보여준다. 한마디로 그의 신념은 요이치 지역의 와인 산업 발전에 함께 이바지하는 것이다.

타카히코의 도멘을 찾기 위한 여정

소가 타카히코 씨가 요이치 지역에서 피노누아만을 키우기로 결심하기까지는 약 8년의 세월이 걸렸다. 포도 재배부터 양조, 숙성, 병입까지 직접 하는 도멘을 설립하려고 마음먹었는데, 막상 시작하려니 밭을 어디로 정할지 몰라 적합한 밭을 찾는 데만도 오랜 시간이 걸렸다고 한다.

우선 자신의 출신지인 나가노를 살펴보았다. 그는 나가

노 현 오부세 출신이다. 일본 와인과 사케에 관심 있는 이들이라면 일본의 부티크 와이너리인 '오부세 와이너리小布施 winery'를 잘 알 텐데, 타카히코 씨는 이 집안의 차남으로, 현재 아버지를 이어서 와인을 생산하고 있는 소가 아키히코 씨의 남동생이다. 일본 와인의 금수저라고나 할까. 타카히코 씨는 도쿄 농업대학의 양조학과를 졸업한 후 같은 대학 연구실에서 일할 정도로 수재였다.

다시 포도밭 찾기로 돌아와서, 그가 후보지로 삼은 곳은 야마가타 혹은 후쿠시마 같은 도호쿠ス방을 포함해 50군데가 넘었다. 자신의 도멘을 시작하기 전에 타카히코 씨는 도치기 현의 코코 팜 와이너리에서 포도 재배 책임자로 십 년간 근무했다. 당시 코코 팜 와이너리에서 양조를 담당하고 있던 브루스 거트러브Bruce Gut ove 씨(현 '10R Winery' 오너)와의 만남을 계기로 와이너리에 대한 꿈을 키워나갔다. 코코 팜은 당시 캘리포니아에도 농장을 소유하고 있었고, 해외에서 수입한 포도도 사용하고 있었다. 그런데 이 모든 포도를 일본산 포도로 바꾸려고 시도하면서 전환점을 맞이했고, 타카히코 씨는 이때 일본 각지의 포도밭을 돌아다니며 포도와 땅을 둘러볼 기회를 잡았다.

홋카이도는 일본 본섬에 비해 고온 다습하며 장마의 위험도 거의 없다. 기후가 선선하기만 하면 산도가 높긴 해도 포도가 익지 않을 우려가 있다. 그런데 발품을 팔면서 홋카이도의 포도를 접해 보니, 산미와 숙도를 고루 겸비한

질 좋은 포도라는 것을 알게 됐다. 그 후 홋카이도가 가능성 있는 땅이라는 생각이 점점 굳어졌다. 2008년 코코 팜을 퇴사하고, 이듬해 요이치로 이주해 45헥타르의 농지를 취득했다. 타카히코 씨는 약 일 년 동안 이곳의 테루아를 꼼꼼히 연구한 뒤 드디어 도멘 타카히코를 시작한다.

피노누아만을 재배하자!

생산자의 눈으로 볼 때 피노누아는 아주 매력적인 품종임이 분명했다. 타카히코 씨는 피노누아는 재배하고 싶고, 여러 품종을 재배하기엔 재주가 부족하다고 판단했다. 그래서 내린 결정이 대담하다.

"피노누아만을 재배하자!"

그는 우선 홋카이도 요이치의 노보리 초, 남동쪽 언덕에 펼쳐진 해발 60미터의 6헥타르 밭을 연수생들과 함께 돌보기 시작한다. 언덕에 올라가면 멀리 요이치의 앞바다가 보인다. 이 지역은 바다의 영향을 많이 받기 때문에 홋카이도 내에서도 비교적 온난하고 강수량도 적다. 봄에서 가을까지는 내륙의 요테이 산에서 남서쪽으로 바람이 불기 때문에 포도병의 원인이 되는 습기도 적다. 포도를 재배하기에는 매우 알맞은 기후 조건이다.

처음부터 포도 품종을 피노누아로 한정한 것은 아니었다. 요이치 지역에서 평판이 높은 기무라 농원木村農園의 창립자인 기무라 다다木村忠 씨도 일본에서 피노누아를 재배하는 일은 쉽지 않다고 조심스레 조언했다. 그도 그럴 것이 기무라 씨는 사과, 체리, 배, 자두 같은 과수 재배로 시작해 1984년에는 케르너 품종을, 이듬해엔 피노누아를 심으며 와인용 포도 재배에 도전했기에 그의 말에는 확신이 깃들어 있었다. 하지만 진짜 전환점은 나카이 농원中井観光農園을 만나면서 찾아왔다. 이곳에서는 고품질의 와인용 포도를 재배하고 있었고, 타카히코 씨는 그의 농원에서 가능성을 보았던 것이다. 그곳에서 일 년간의 연수를 마친 끝에 마침내 2010년, 요이치에 자신의 밭을 마련했다 당시 이 지역의 시세는 1헥타르에 3백~4백만 엔. 홋카이도의 다른 지역보다 세 배 이상 비쌌지만, 그는 주저하지 않았다. 좋은 땅의 위대함이야말로 돈으로 바꿀 수 없는 가치라고 믿었기 때문이다.

오랜 세월 동안 맛있는 과일로 유명한 고장, 요이치. 바람과 햇살, 비와 눈이 천천히 스며든 이 땅에서 그는 자신의 와이너리를 시작하기로 결심했다.

과일로 유명한 요이치

요이치 지역은 메이지 시대부터 체리, 사과, 자두 등 여러 열매를 재배하는 과수원이 유명했다. 타카히코 씨가 현재의 토지를 매입했을 때 그곳엔 체리와 사과, 자두 등 일곱 종의 과일나무가 자라고 있었다. 이전의 소유주가 고령으로 더 이상 농사를 짓기 어렵다고 판단해 내놓은 밭이었

홋카이도산 체리. 삿포로 근교, 요이치, 니세코, 후라노 등에서 체리를 재배한다.

다. 그는 '나나쓰모리七ツ森'라는 브랜드를 통해 일곱 종의 과수가 자라던 토지의 기억과 역사를 후세에 전하고 싶은 마음을 담기로 했다. 그리고 이곳에서 포도를 재배하기 시작할 때부터 유기농 농법을 채택했다. 지금도 화학합성 농약이나 화학 비료는 전혀 사용하지 않는다. 이 땅은 화산암과 모래, 점토 등이 섞여 배수도 매우 좋다.

일본만의 피노누아를 찾아서

타카히코 씨는 지금도 일본만의 피노누아를 만들기 위한 여정을 이어가고 있다. 그는 일본의 피노누아는 감칠맛과 깊은 맛이 느껴지는 포도라고 정의하고 그 가능성을 개척한다. 흔히 알다시피 피노누아는 프랑스 부르고뉴의 대표적인 붉은 포도 품종이다. 피노누아의 포도송이는 낱알이 매우 작고 껍질이 얇으며 빽빽하게 자란다. 그래서 그 맺힌 모양이 솔방울을 닮았다고 해서 소나무를 뜻하는 프랑스어 피노^{pinot}라는 이름이 붙었다고 한다. 피노누아는 서늘한 기후에서 주로 재배된다. 프랑스 부르고뉴를 포함해 미국의 오리건, 남아공의 워커베이, 뉴질랜드의 마틴버러 등지에서 재배된다.

피노누아는 와인 중에서도 매우 섬세하기로 이름이 높다. 그만큼 재배하기도, 양조하기도 까다롭다. 부르고뉴 사람들은 피노누아를 두고 우아하지만 다루기 어려운 프리마돈나에 비유하곤 한다. 그렇기에 일본 땅에서 과연 피노누아를 생산할 수 있을지 의문을 품는 것도 어쩌면 당연하다.

테루아는 프랑스어로 흙^{terre}이라는 단어에서 파생된 말이다. 거기에는 밭의 토양, 일조, 기온, 강우량, 배수, 바람 등이 포함된다. 와인은 테루아에 따라 맛이 달라진다. 같은 피노누아라도 부르고뉴의 피노누아는 우아하고, 뉴질랜드의 피노누아는 단정하다. 캘리포니아의 피노누아는 농후하고 파워풀하다. 칠레와 아르헨티나의 피노누아는 응축된 맛이 있다. 뛰어난 생산자는 그런 테루아에 관심을 기울이고, 보고, 만지고, 느끼고, 그것을 자신의 철학과 함께 와인 속에 그려내려고 한다.

타카히코 씨는 유럽의 피노누아가 미네랄을 자랑한다면, 일본의 피노누아는 감칠맛이 강점이라고 자부심을 드러낸다. 와인을 만들 때 흙의 미생물이나 효모 같은 것들이 와인의 섬세함과 복잡성을 만들어내, 그 여운에서 감칠맛을 끌어낸다고 생각한다. 그가 감칠맛을 중요하게 생각하는 이유는 일식과 잘 어울리기 때문이다. 과연 타카히코 씨의 피노누아는 어떤 맛일지, 그가 말한 대로 일식과 잘 어울리는 감칠맛을 낼지 궁금해지기 시작했다.

도멘 타카히코를 만날 수 있는 레스토랑

현재 도멘 타카히코의 와인은 일본은 물론 세계적으로도 인기를 끌고 있다. 생산량이 많지 않을뿐더러 창업자인 소가 타카히코의 와인 철학을 이해하는 곳에만 와인을 소개하겠다는 신념을 갖고 있기에 아무 곳에나 와인을 납품하지 않는다. 그 때문에 와인을 소비하는 2차 시장에서 도멘 타카히코는 가히 열풍이라 할 만큼 인기가 높다.

여기, 도멘 타카히코의 와인을 경험할 수 있는 레스토랑 리스트를 따로 소개한다. 이 와인을 글라스로 마실 수 있다는 것만으로도 이 레스토랑들은 전일 만석이다. 일본에서도 로터리로 당첨 받아야 겨우 만날 수 있을 만큼 맛보기 어려운 와인이기 때문이다. 오로지 도멘 타카히코의 와인을 맛보기 위해 두 곳의 레스토랑을 찾았다.

지지야 바바야에서 만난 도멘 타카히코의 와인.

쿤푸 와인 앤드 카페Qunpue Wine and Café(쿤푸는 훈풍薰風이라는 뜻)에서는 나나쓰모리 블랑드누아를, 지지야 바바야Jijiya Babaya에서는 요이치노보리 오-리Yoichi-Nobori O-Lie와 나카이 블랑Nakai Blanc을 맛보는 호사를 누렸다. '나나쓰모리'는 일곱 종의 과일나무가 재배되는 밭이라는 정체성을 담고 있기에 가장 고급인 플래그십 와인으로 소개되고 있다. 요이치 지역에서 재배되는 제철 해산물과 채소를 사용한 음식과 함께 이 섬세한 와인을 맛보기를 추천한다. 특히 지지야 바바야에서는 가지 피자와 화이트 아스파라거스 파스타와 잘 어울렸다.

타카히코 씨의 활약 덕분인지 2013년 이후 요이치의 노보리 지역에는 가족 경영형 도멘을 목표로 하는 사람들의 이주가 늘어났다. 2015년부터는 이웃 와이너리와 함께 매년 1회 와이너리를 개방하는 축제를 여는데, 해마다 천 명 이상의 방문객이 찾아온다. 일본 전역의 와인 마니아와 업계 종사자들이 방문하기 때문에 티켓이 빠르게 매진된다. 이 기간에 방문하고 싶어서 나도 두 번이나 도전해봤지만 쉽지 않았다. 또 수확 자원 봉사도 매년 10월에 진행하는데, 매일 40명씩 선착순으로 빠르게 마감된다. 축제 및 수확 자원봉사 등에 관한 소식은 도멘 타카히코의 인스타그램과 뉴스레터로 받을 수 있다.

https://takahiko.co.jp/info/harvest2024/

할머니와
할아버지의 손맛,
요이치 식재료로
만든 피자와 파스타

지지야 바바야
ジジヤババヤ

15-1, Asahicho,
Yoichi, Yoichi District,
Hokkaido

요이치 와이너리 투어를 하고 나면, 가벼운 식사에 와인을 곁들이고 싶은 마음이 절로 든다. 피자와 파스타처럼 가볍게 말이다. 현지에서 나는 신선한 식재료로 만든 피자와 파스타 메뉴가 1,500엔 안팎에, 로컬 와인의 글라스 가격이 990엔 이하라면 반갑지 않은가? 심지어 도멘 타카히코의 와인도 맛볼 수 있다면?

가게 이름인 지지야 바바야는 할아버지를 애칭으로 부르는 '지지야'와 할머니를 부르는 '바바야'의 조합으로, 실제 할아버지와 할머니가 운영하는 곳이다. 무뚝뚝해 보이는 할아버지가 홀에서 주문을 받는다. 주방에는 손녀로 보이는 젊은 여성이 화덕에서 피자를 굽는다. 창 너머로 분주하게 파스타를 만드는 할머니의 뒷모습이 정감 있다.

"가지 피자와 게 크림 파스타, 그리고 버섯과 아스파라거스 파스타 주세요."

"세 개 메뉴 주문한 거 맞지요?"

할아버지는 손가락을 세 개 펼치면서, 둘이 와서 세 개를 시키는 게 맞는지 재확인한다. 고개를 끄덕여 대답하고 메뉴가 나오기를 기다리며 와인을 주문했다.

"요이치 지역 와인으로 화이트 한 잔, 레드 한 잔 주세요."

할아버지는 손으로 가리키며 현재 세 가지 와인이 준비되어 있다고 알려준다.

"정말 타카히코의 와인이 여기에 있네!"

요이치 지역에서도 만나기 쉽지 않은 와인이라 정말 반가웠다. 요이치 노보리 오-리 2020. 요이치의 언덕에서 나는 와인이라는 의미다. 높은 언

덕에서 바닷바람을 맞으며 재배된 포도가 와인에 독특한 미네랄리티와 산미를 부여한다는 것을 암시하기도 한다. 라벨에 적힌 '오-리'는 프랑스어로 '포도주 앙금 위에'라는 뜻이다. 와인이 앙금과 함께 숙성되었음을 표시한 것이다. 이러한 숙성 방식은 와인에 깊이와 복합적인 풍미를 더한다.

가지 피자와 궁합이 좋았던 것은 화이트 와인인 '요이치 노보리 나카이 블랑 2020'이었다. 이 와인은 케르너 품종으로 만들었다. 케르너는 독일에서 개발된 품종으로 리슬링의 섬세한 향과 산미, 트롤링어의 강건한 특성을 결합한 품종이다. 산도가 높고 신선하며, 드라이하면서도 약간의 단맛이 있어 깔끔한 피니시가 특징이다. 아스파라거스가 들어간 파스타와도 궁합이 좋았다.

대단한 기술이 들어간 요리는 아닌데도 신선한 재료로 만든 담백한 요리가 서울에 돌아와서도 생각난다. 2017년 미쉐린 가이드 홋카이도 편에 소개된 곳으로, 지역 주민과 관광객 모두에게 인기가 높다.

Hidden Spot

요이치 지역 와인을
한자리에서

쿤푸 와인 앤드 카페
Qunpue wine & cafe

8Chome-8-11 1F
Kurokawacho, Yoichi,
Yoichi District,
Hokkaido

이 와인 카페는 요이치 생산자의 와인들을 만날 수 있는 곳으로 유명하다. 도멘 타카히코, 도멘 몽, 도멘 코야치 등 요이치의 톱 생산자들의 와인을 한자리에서 만날 수 있다. 간결하고 정갈한 음식들이 와인과 잘 어울린다.

내가 방문한 날에는 와인 테이스팅 후에 홋카이도산 어란을 조금 맛볼 수 있도록 내주었다. 마침 와인이 똑 떨어져서 다음 술을 청했더니 주인장은 어란은 위스키와 즐겨야 한다고 단언했다. 닛카의 퓨어 몰트를 잔에 따라주었다. 스모키하고 구수한 위스키를 맛보면서, 짭조름하고 풍미가 가득한 어란을 조금 베어 무니 입 안에서 다양한 맛이 회오리쳤다.

피노그리만
생산하는 도멘

도멘 몽
Domaine Mont

898 Noboricho, Yoichi,
Yoichi District, Hokkaido

도멘 타카히코 출신으로 와인을 만든다는 것만으로도 와인 업계에서는 제대로 인정받는다. 그런 곳 중 하나가 바로 두 번째로 소개할 와이너리 도멘 몽이다. 이곳의 생산자 야마나카 아쓰오^{山中敦生} 씨는 요이치에서 2016년부터 와이너리를 시작했다. 도멘 몽의 첫 번째 빈티지는 요이치산 나이아가라와 케르너 품종을 혼조(발효 전에 서로 다른 품종을 섞어 같이 발효시키는 것)한 미세 발포 스타일의 '몽페 2016^{Montpet' 2016}'으로 당시 2,700병을 만들었다. 커스텀 크러시^{Custom Crush}, 즉 위탁 양조 방식으로 생산된 와인으로 홋카이도의 가능성을 믿고, 자체 포도밭 없이 지역의 포도와 시설을 활용해 만든 첫 제품이었다.

와세다 대학교 출신으로 스노보드광인 야마나카 씨는 겨울 시즌 홋카이도에 보드를 타러 왔다가 좀 더 머무르게 됐다. 리조트에서 겨울에는 전문 보드 강사로 활동하고 여름에는 식당 일을 도왔는데, 이때 와인에 관심이 생겨 소믈리에 자격증을 땄다. 한번 와인에 관심이 생기자 점점 빠져들었고, 마침내 도멘 타카히코의 연수생이 되어 2014~2016년 동안 포도 재배와 양조를 배웠다. 도멘 몽역시 농약과 화학비료를 쓰지 않는다. 건조 효모 대신 야생 효모를 사용해 피노그리만 재배한다. 그래서 도멘 몽은 일본 내추럴 와인 업계에서 도멘 타카히코와 함께 일찍부터 이름을 알렸다.

Interview
생산자와 함께 걷는 와이너리 산책

사실 요이치 지역의 와이너리 대부분은 별도의 투어 프로그램이 없다. 카멜 팜과 니키 힐즈, 요이치 와이너리는 사전 투어 예약으로 방문할 수 있지만, 이를 제외하고는 매해 9월 와인 축제에 한정해서 와이너리를 개방한다. 운 좋게도 야마나카 씨의 배려로 도멘 몽을 방문할 수 있었다.

약속 시간인 오전 11시에 도멘 몽에 도착했다. 땡볕 아래에서 이미 야마나카 부부는 포도밭을 보살피고 있었는데, 우리 차를 발견하고는 트랙터 시동을 끄고 언덕에서 내려왔다.

보연 안녕하세요! 제가 연락드린 보연이에요. 일본 위스키와 와이너리에 대한 책을 준비하면서 꼭 이곳을 취재하고 싶었어요.

야마나카 반가워요! 제가 영어가 매끄럽지 않아 아내에게 통역을 부탁했어요. 오늘 함께 이야기 나눠요.

보연 감사합니다. 잘 부탁드릴게요!

야마나카 그럼, 함께 언덕으로 올라가볼까요?

보연 보이는 포도가 모두 피노그리인가요?

야마나카 맞아요. 저희는 모두 피노그리만 재배하고 있어요. 현재 약 6천 그루예요.

보연 피노그리만 재배하신다니, 뭔가 특별한 계기가 있나요?

야마나카 특별한 계기라기보다 와인과 음식 페어링을 중요하게 생각하다 보니 선택하게 됐어요. 홋카이도는 해산물과 유제품이 맛있고 유명하잖아요? 이 음식들과 피노그리가 가장 잘 어울리더군요. 일본다운 향기의 복잡성과 섬세함, 감칠맛과 여운을 표현하기에 적합한 품종이라고 생각해요.

보연 이곳을 방문하기 전에 니세코에 있는 카브 드 방부 Cave de Bambou에 다녀왔어요. 도멘 몽의 피노그리 와인을 구입하고 싶어서요. 그 밖에도 다섯 곳이나 더 갔는데, 만나기가 어려웠어요.

야마나카 아, 방부에 다녀오셨군요. 도멘 몽의 친구이기도 해요. 저희가 생산량이 적어서 지금 시즌에는 만나기 어려웠을 거예요. 2023년도 애플 사이다를 엊그제 막 출고했거든요.

보연 아쉽지만 애플 사이다로 만족해야겠네요. 여기 보니까 구획이 나뉘어져 있네요! 같은 포도 품종인데도 구획을 표시해둔 이유가 있나요?

야마나카 자세히 보시면 피노그리 PINOT GRIS 알파벳 순서로 구획을 나눴어요. 알파벳 보이시죠? P와 I.

보연 어머, 그렇네요!

야마나카 포도나무를 심었던 해의 차이라그 보시면 돼요. 조금씩 포도밭을 늘리고 있거든요.

보연 그런데 여기 이 줄은 포도나무 크기가 다른 것 같아요.

야마나카   재작년에 바람 때문에 포도나무가 몇 그루 뽑혀서 새로 나무를 심은 흔적이에요. 이제 막 일 년 정도 된 나무예요.

보연   저는 유기농 재배라고 들어서 농가의 진한 냄새를 떠올렸거든요. 그런데 전혀 그렇지 않네요. 오히려 꽃향기가 풍기는 듯해요. 밤꽃인가요? 조금 옅은 것 같기도 하고.

야마나카   밤꽃 맞아요. 이 시기에는 해풍에 실려 오는 밤꽃 향기가 은은하게 퍼집니다. 저희는 농약을 치지 않거든요. 여기 잎사귀 보이시죠?

보연   벌레 먹은 흔적이군요. 이 잎이 유독 달콤했나 봐요.

야마나카   요이치 지역은 기후가 서늘해서 병충해가 심하지 않아요. 가끔 벌레들이 포도를 먹기도 하지만 저희는 자연 그대로를 담기 위해 노력하고 있어요. 내려가서 양조하는 공간을 둘러볼까요?

보연   네, 좋아요!

야마나카   지금은 수확 철이 아니어서 작업하는 장면을 보기는 어렵겠네요. 여기에서 수확한 포도를 분류해서 작업해요. 저희는 압력을 특별히 가하지 않고, 포도 자체의 무게로 자연 발효되도록 합니다.

보연   여기는 엄청 시원하네요.

야마나카   출고할 보틀들이 있어서 창고 온도를 낮췄어요.

그럼 숙성고로 가볼까요?

보연 우와, 숙성고도 볼 수 있어요?

야마나카 여기 글라스를 받으세요. 저희 도멘 몽의 피노 그리예요.

보연 향기가 너무 근사하고 엄청 섬세해요. 맛있어요! 소믈리에로 활동하셨다고 들었어요. 그 경험이 양조하는 데 도움이 된 건가요?

야마나카 생각보다 도움은 안 되더라고요.(웃음) 재배와 양조는 전혀 다른 분야예요. 좋아하는 포도 품종이 있나요?

보연 매일 기분에 따라 다르지만 요즘에는 쉬라와 샤르도네에 빠져 있어요. 제가 위스키를 좋아해서 그런지 오크 터치가 있는 와인이 좋더라고요.

야마나카 오, 그래요? 저희가 양조한 샤르도네를 한번 맛보세요.

보연 피노그리만 키우는데, 샤르도네는 어떻게 생산된 거예요?

야마나카 지역의 포도 농장에서 다른 포도와 교환하기도 하고 구매하기도 해요.

보연 그렇군요! 또렷한 맛이에요. 샤르도네에서 홋카이도의 고소한 버터 맛이 느껴지네요.

야마나카 맛있다고 하니 고마워요.

보연 여러 와인을 맛볼 수 있어서 감사해요. 정말 재

있었어요! 앞으로의 계획도 궁금합니다.

야마나카 (웃음) 매일매일 포도를 잘 재배하고, 양조도 잘하려고 해요. 미리 앞을 내다볼 여유가 없어요. 그저 오늘 하루를 성실하게 살아가는 거죠.

미생물이나 야생 효모에 의한 유기적인 자연 농법으로 포도를 재배해 만든 와인이 야마나카 씨의 와인이다. 느티나무에 둘러싸인 밭에서 자라는 피노그리는 2018년에 첫 수확되어, 통 숙성을 거쳐 2020년 2월에 1천 병을 출하했다. 앞으로 7천 병으로 확장 생산할 예정이다.

도멘 몽이라는 이름에서 '몽'은 프랑스어로 와이너리가 있는 산^{Mont}을 의미하기도 하고 일본어로 '문'을 의미하기도 하는데, 타카히코의 '문'을 나왔다는 뜻과 야마나카 가문 이름에 나오는 '몽'을 동시에 지칭해서 세 가지 의미를 담아 이름을 지었다고 한다. 우리는 도멘 몽의 '문'을 나와 다음 여정으로 향했다.

요이치에서 가장 오래된
와이너리

요이치 와이너리
Yoichi Winery

1318 Kurokawacho, Yoichi,
Yoichi District, Hokkaido

요이치 와이너리 전경.

1974년에 창업한 요이치 와이너리를 방문했다. 이곳은 독일계 포도 품종인 케르너, 츠바이겔트, 뮐러 트루가우 등 세 가지 품종을 계약 농가에서 위탁 재배하고 있다. 요이치에서 가장 오래되고 생산량이 많은 곳으로, 홋카이도 전역에서 요이치 와인을 만날 수 있다.

주목할 점은 이곳이 1872년에 창업한 삿포로의 사케 메이커, 일본청주주식회사가 요이치에 설립한 와이너리로, 원래는 일본식 포도주를 만들었다고 한다. 당시의 일본식 포도주는 유럽식 와인처럼 포도만으로 발효하지 않고, 전통적인 사케 양조 기술을 응용하거나 사케에 포도 맛을 더해 만든 술이었다. 본격적인 유럽식 포도 재배 및 양조 기술 도입은 20세기 중반 이후에야 이루어졌다.

일본식 포도주는 종전 후 생산이 중단되지만, 1972년에 제1차 와인 붐이 일면서 와인 사업이 다시 활기를 띠기 시작한다. 당시 여러 회사들이 잇달아 와인 사업에 뛰어들었지만, 양조용 포도 재배가 일본에서 여의치 않자 포기하는 업체들이 속출했다. 최종적으로 일본청주주식회사만 살아남게 되었다. 여러 시행착오를 겪었지만, 계약 농가와 함께 목표로 하는 포도 품종을 생산하기 위해 꾸준히 노력한 결과였다.

5헥타르의 밭에서 대표 품종인 케르너, 뮐러 투르가우, 피노누아, 아르모누아, 츠바이겔트를 중심으로 재배하고, 나이아가라와 캠벨도 재배한다. 2018년부터는 샤르도네,

리슬링, 피노그리, 쉬라 등의 품종을 시험 양조하면서 품질을 파악하고 있다. 같은 시기, 효모에도 관심을 갖고 포도 품종에 따라 적합한 효모를 사용하기 시작했다.

'케르너 쉬르 리$^{Kerner Sur Lie}$'는 요이치 와이너리의 대표 화이트 와인 브랜드로, 오크 통 숙성으로 풍성한 바디감과 은은한 고소함, 밸런스가 잡힌 부드러운 맛이 특징이다. 츠바이겔트레베^{Zweigeltrebe} 역시 매년 매진된다.

요이치 와이너리의 가장 큰 장점은 '안정적인 품질을 바탕으로 한 대량 생산', 그리고 지역성과 역사, 소비자 접근성이 조화롭게 균형을 이룬 운영 방식에 있다. 홋카이도 전역의 주요 유통망(슈퍼, 백화점, 관광지)을 통해 폭넓은 소비자들에게 제공할 수 있는 와인을 생산한다. 그 덕분에 이곳은 홋카이도 와인의 보급형 허브이자, 지역에 뿌리내린 와인 생산의 중심지로 자연스레 자리 잡고 있다.

도슨트가 특별한 프로그램을 진행하는 투어보다 수시로 관광객들이 드나들 수 있도록 전시장 스타일로 제조 과정을 정리해두었다. 엄청난 맛의 와인을 기대하기보다 체험형 공간으로 접근성이 좋다는 것이 장점이다. 특히 와이너리 숍에서는 무료 시음도 진행하므로, 와이너리를 산책한 후에 기분 전환을 하기에도 좋다.

◀ 무료 시음존.

▲ 숙성고.

▼ 발효 탱크.

커피 회사에서
만드는 와인

카멜 팜 와이너리
Camel Farm Winery

1408 Noboricho, Yoichi,
Yoichi District, Hokkaido

카멜 팜 와이너리의 올드바인.

카멜 팜 와이너리에서는 카트를 타고 포도밭을 살펴보는 투어를 예약할 수 있다. 1980년대부터 시작되었으며 이탈리아 기술로 운영되고 있다. 카멜 팜 와이너리의 포도밭은 요이치 강과 노보리 강 사이 해발 45~55미터에 위치해 있다. 삼면이 산으로 둘러싸여 있고, 산에서 바다로 곧게 뻗어 있다. 토양은 응회암과 사암, 점토가 혼합되어 있다. 탁 트인 포도밭 언덕에 오르면 저 멀리 바다가 내려다 보인다.

이곳은 카멜 커피 그룹에서 운영하는 와이너리로, 칼디 커피 팜 Kaldi Coffee Farm이라는 매장을 일본 전역에 482개(2022년 기준) 가지고 있다. 커피 원두 유통과 더불어 직영 커피 음료 매장을 운영하기 때문에 와이너리 역시 투어 서비스가 뛰어나다. 보통 일본어 투어만 가능한데, 특별히 우리를 위해 한 문장 한 문장 구글 번역기를 돌려가면서 설명을 이어나가는 모습에 감동을 받았다.

카멜 팜 와이너리에서는 화이트 품종으로 케르너, 바쿠스, 샤르도네, 피노블랑을 재배하고, 레드 품종으로는 레겐트, 블라우프랑키쉬, 츠바이겔트, 피노누아를 재배한다. 함께 카트를 타고, 와이너리를 거닐면서 다양한 포도 품종을 발견하는 재미가 있다. 홋카이도에서 가장 오래된 포도나무가 바로 이곳에 있기 때문에 이 나무를 발견하는 즐거움도 누릴 수 있다.

포도밭 투어 이후 함께 양조 공간을 둘러보았다. 가장

▲ 카트를 타고 둘러보는 카멜 팜 와이너리.

▼ 카멜 팜 와이너리 전경.

▲ 포도 크러셔. 수확한 포도를 으깨는 장비로 이탈리아 제품이다.

▼ 스테인리스 발효 탱크 역시 이탈리아 제품이다.

인상적인 점은 조용히 흘러나오는 모차르트의 연주곡인데, 440Hz에 맞춰 편안한 음악으로 와인을 숙성하고 있다고 한다. 이탈리아의 설비 컨설팅을 받았기 때문에 모든 기계가 이탈리아 브랜드라는 점 역시 눈길을 끈다. 오크 통의 경우 스페인, 프랑스, 미국 등에서 다양하게 공수해 와인의 특성에 맞춰 사용한다고 한다.

투어를 마치면 포도밭을 감상하면서 네 종류의 와인을 테이스팅할 수 있다. 내가 맛본 와인 중에는 케르너 스파클링이 특히 맛있었다. 섬세한 버블에 적당한 산미가 어우러진 우아한 와인이다.

카멜 팜 와이너리 투어를 마친 후 삿포로에서 유명한 프렌치 레스토랑인 르 장티옴Le Gentilhomme을 방문했다. 소믈리에와 대화를 나누는 중에 카멜 팜 와이너리의 와인이 훌륭하다는 얘기가 화제에 올랐다. 그도 케르너 스파클링을 가장 좋아한다고 했다. 수확 시기에 맞춰 카멜 팜 와이너리를 방문해 수확의 기쁨을 함께했다는 그의 경험담도 인상적이었다.

카멜 팜 와이너리는 포도밭도 넓고, 경치가 압도적이며, 투어 프로그램도 잘 갖춰져 있어 부모님을 모시고 또 가고 싶은 곳이다.

▲ 포도밭을 감상하며 테이스팅하는 와인.
◀ 테이스팅 룸 곳곳에 보이는 포도나무 가지.
블라우프랑키쉬, 바쿠스, 샤르도네.

홋카이도의
와인 실험실

토아루 와이너리
10R Winery

1123-10 Kurisawacho
Kamihoro, Iwamizawa,
Hokkaido

경사가 있는 언덕, 눈 속의 포도나무.

2009년 4월, 코코 팜 와이너리에서 양조를 담당하던 브루스 거트러브 씨는 아내 료코 씨와 함께 이와미자와시 구리사와 초로 이전했다. 그리고 2012년에 일본 최초로 커스텀 크러시 와이너리(위탁 양조장)를 세웠다. 계곡의 완만한 경사면을 개간한 농장에서는, 총 면적 8헥타르 중 약 60%는 피노누아를 중심으로, 나머지는 피노그리, 무니에, 소비뇽블랑 등의 와인 전용 품종을 재배하고 있다. 지난 몇 년 동안은 가메이^{Gamay}, 풀사르^{Pouisard}, 오세루아^{Auxerrois}를 심고 있다.

브루스 씨는 와이너리를 설립한 이후 직접 재배한 포도로 와인을 양조하는 한편, 와인 양조를 목표로 하는 사람들에게 포도 재배나 양조에 대해 조언해주는 '배우는 양조의 장'을 제공하고 있다. '커스텀 크러시'는 유럽과 미국에서는 일반적이지만, 일본에서는 아직 전례가 없었다. 브루스 씨도 처음 시도하는 방식이었다. 지금은 독립 와이너리를 꿈꾸는 포도 재배가들의 의뢰가 끊이지 않는다. 현재 약 20명의 문하생들과 함께 와인을 만들어가고 있다.

브루스 씨는 양조학의 명문인 캘리포니아 대학교 데이비스 캠퍼스 대학원에서 양조학을 배웠다. 나파밸리에서는 세계적으로 유명한 생산자 로버트 몬다비 밑에서 와인 컨설턴트를 맡는 등 양조가로서 커리어를 쌓았다.

1989년에 코코 팜 와이너리의 초청으로 일본을 방문했다. 이후 자신이 책임을 맡아 지도하고 싶어서 일본으로 이

주했다. 당시 코코 팜에서는 후에 재배 책임자가 되는 소가 타카히코 씨와 함께 양조 책임자로서 양질의 브랜드를 만들어갔다. 누구나 와인을 만들 수는 있지만, 맛있는 와인을 만들기는 어렵다는 것을 잘 알기에 와인 제조와 더불어 포도 재배, 인재 육성에도 힘을 쏟고 있다.

　아직 눈이 남아 있는 3월에 10R 와이너리를 방문했다. 경사지에는 덩그러니 줄지어 서 있는 나무 막대만 보였다. 3월 말이나 4월은 되어야 눈이 녹으면서 포도나무가 다시 자란다고 한다. 평소 일반 투어를 운영하지 않고 컨설팅 교육 및 재배에만 힘쓰는 곳이어서, 와이너리 공간 내부를 살펴보기는 어려웠다. 그러나 경작지와 숙성 창고를 통해 규모를 가늠해볼 수 있었다. 사무실에 들어가니 여섯 명 정도가 분주하게 사무 업무를 보고 있었다. 모두 영어가 유창했다. 와인 구매와 테이스팅을 문의했더니, 와이너리에서 테이스팅하기는 어렵지만 구매 가능한 업장과 숍을 종이에 빼곡히 적어주었다. 아쉬운 마음을 뒤로하고, 10R의 와인을 구매하러 가기로 했다.

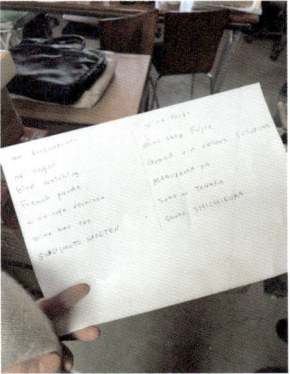

▲ 10R Winery 입구 현판.

◀▲ 숙성고.

◀▼ 사무실에서 걱어준 10R 와인 구매처.

Hidden Shop

부르고뉴부터
홋카이도 와인까지

카브 드 방부
Cave De Bambou

113-2 Hondori,
Niseko, Abuta District,
Hokkaido

카브 드 방부는 니세코에 있는 내추럴 와인 전문 보틀숍이다. 세계 각지의 프리미엄 와인을 보유하고 있어, 와인 애호가들 사이에서는 성지라 불린다. 자연 친화적인 방법으로 생산한 내추럴 와인을 중심으로 지역에서 생산된 빵과 치즈, 사퀴테리 등을 합리적인 가격에 팔고 있다. 오너인 치쿠 마사히로 씨가 부인과 함께 매장을 운영한다. 유명 백화점에서 와인을 담당하며 커리어를 쌓은 분이라 와인 추천에 능통하다.

규모는 크지 않지만 정말 사람이 지나가기 어려울 정도로 와인 보틀이 가득하다. 다양한 셀렉션만큼은 시내의 어느 전문점에도 뒤지지 않는다. 프랑스 와인의 가격도 정말 착한 편이라 평소 좋아하는 생산자가 있다면 선반에서 보이지 않더라고 꼭 문의해보기를 추천한다. 홋카이도 요이치 지역의 와이너리에서 친환경 공법으로 만드는 와인까지 이곳에서 모두 만나볼 수 있다. 찾고 있던 10R의 와인도 다양하게 만날 수 있었다. 도멘 몽의 애플 사이다, 홋카이도에서 활동하는 와인 메이커 야마자키 와타루山崎亘가 만든 테라스 와인 Terrace Wine, 유기농 포도로 만드는 니세코 와이너리의 와인까지, 와인 애호가들은 세금을 내고서라도 박스로 와인을 구매하는 곳이다.

카브 드 방부의 입구 / 내부.

Hidden Shop

70년 넘게 운영하고 있는 오비히로의 와인 숍

와인 숍 이노우에
Wine Shop Inoue

10 Chome-10 Nishi 3 Jominami, Obihiro, Hokkaido

홋카이도 오비히로 시에 위치한 이 주류 전문점은 업소용 주류 판매를 중심으로 운영되고 있다. 특히 홋카이도와 도호쿠 지역에서만 취급하는 특별한 제품들을 다양하게 보유하고 있다. 매장 지하에는 워크인 와인 셀러가 마련되어 있는데, 다양한 종류의 와인을 최적의 상태로 보관하고 있어 와인 애호가들의 큰 사랑을 받고 있다. 와인과 사케가 주력 상품이지만 위스키와 코냑, 럼 등 스피릿도 취급한다.

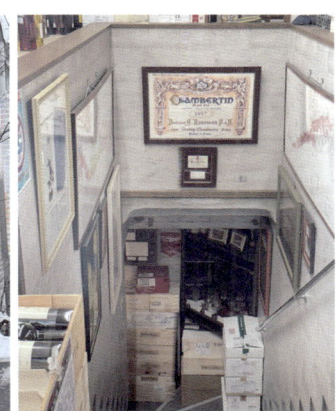

이노우에 입구 / 이노우에 지하 창고.

Whisky

스코틀랜드보다 더
스코틀랜드답게

닛카 위스키 요이치 증류소
Nikka Whisky Yoichi Distillery

7 Chome-6 Kurokawacho,
Yoichi, Yoichi District,
Hokkaido

요이치 증류소 전경.

일본 위스키의 아버지, 다케쓰루 마사타카

일본의 유명한 위스키 평론가 쓰치야 마므루土屋守의 책 『Japanese Whisky Year Book 2025』에 따르면, 현재 일본에는 124개●의 위스키 증류소가 있다. 그러니 몰트 바, 증류소, 거기에 위스키 보틀을 구매하는 일정만으로도 일본 여행은 충분히 매력적이다. 홋카이도에서는 닛카 위스키가 2024년에 창립 90주년을 맞이했을 정도로 위스키 증류의 역사가 오래되었다. 삿포로를 여행한다면 일정 중에 맛있는 위스키 투어 동선을 계획해보기를 추천한다.

홋카이도의 증류소 가운데 가장 먼저 소개할 곳은 닛카 위스키 요이치 증류소다. 이곳을 세운 이는 앞서 '와인' 편에서 소개한 다케쓰루 마사타카다. 그는 첫 직장인 셋쓰슈조摂津酒造에서 스코틀랜드로 위스키 유학을 떠날 기회를 얻었고, 귀국 후 도리 신지로鳥井信治朗를 만나 1923년에 일본 최초의 위스키 증류소 설립 프로젝트에 참여하게 된다. 그리고 이듬해 교토 근처에 산토리의 야다자키 증류소가 설립되었고, 초대 증류소장으로 당연히 다케쓰루 마사타카가 선임되었다.

다케쓰루는 야마자키 증류소에서 12년간 근무한 뒤 독립해 홋카이도 요이치 지역에 증류소를 설립했다. 요이치 지역은 스코틀랜드와 기후가 비슷할 뿐만 아니라 다케

- 2023년에 76곳, 2024년에 114곳이었다. 참고로 스코틀랜드의 증류소는 약 140곳이며, 여전히 신생 증류소가 생기고 있다.

요이치 증류소의 입구.

쓰루의 아내 리타 역시 자신의 고향인 스코틀랜드를 떠올리게 하는 이 지역을 마음에 들어 했기 때문이다. 야마자키와 요이치, 두 증류소를 모두 방문한 입장에서 보자면, 야마자키는 부잣집 정원을 닮았고, 요이치는 할아버지 댁 여름 산장 같다.

요이치 증류소를 방문한다면, 다케쓰루의 드라마틱한 이야기가 담긴 자서전 『위스키와 나』(김창수 옮김, 워터베어프레스, 2020년)를 추천한다. 실제로 그의 삶은 2014년에 NHK 드라마 〈맛상 マッサン〉으로 제작되어 큰 인기를 끌었다. 홋카이도로 가는 비행기 안에서, 요이치로 가는 기차 안에서 가지고 다니며 읽기에 좋다.

스코틀랜드와 닮은꼴, 요이치

요이치 증류소는 홋카이도의 오타루에서 차로 약 30분 정도 떨어진 거리에 자리 잡고 있다. 얼마나 스코틀랜드와 비슷한 기후이기에 다케쓰루는 이 지역을 선택하게 되었을까?

먼저 요이치 지역은 북위 43도에 위치해 여름 평균 기온이 20도 전후, 겨울은 영하 2도 전후로 스코틀랜드와 연교차 및 습도가 비슷하다. 위스키의 숙성 과정 중에 오크 통에서 위스키 원액이 증발하게 되는데, 이때 연간 증발량을 엔젤스 셰어 Angel's share라고 한다. 요이치 지역은 스코틀랜드와 유사하게 엔젤스 셰어가 약 2퍼센트 수준으로 알려져 있다.

두 번째 특징은 스코틀랜드의 스페이사이드 지역에 스페이 강이 흐르는 것처럼 요이치 지역에도 요이치 강이 흐른다는 점이다. 비슷한 위도의 두 지역을 살피며 지도를 나란히 놓고 보다가 두 지역의 자연환경이 너무나 유사해서 깜짝 놀라고 말았다.

세 번째 특징은 피티드 몰트$^{\text{Peated Malt}}$를 사용한다는 점이다. 요즘 스페이사이드 하면 셰리 캐스크를 많이 사용하고, 플로럴 향이 감도는 프루티한 위스키를 떠올리게 마련이다. 그러나 1970~1980년대에 스페이사이드 지역의 위스키는 구수한 몰트 맛과 은은한 스모키 향을 지니고 있었다. 그러니 요이치 증류소의 위스키는 예전의 스페이사이드 스타일 위스키와 닮았다고 할 수 있다.

요이치 증류소는 현재 로리엇 품종의 보리를 사용하며 스코틀랜드, 영국, 호주에서 수입하고 있다. 위스키를 생산하는 최소 단위를 배치^{batch}라고 하는데, 요이치 증류소는 1배치에 약 6톤의 몰트를 사용한다. 배치당 1톤이면 소형 증류소로, 10톤 이상이면 대형 증류소로 분류하는 기준에 따르면, 요이치 증류소는 중간 정도 규모의 증류소라고 할 수 있다.

네 번째는 직화 방식의 증류기를 사용한다는 점이다. 요이치 증류소는 6시간을 증류하는데, 석탄으로 가열하는 방식을 취한다. 그래서 디스틸러는 매시간 디지털 모

▲▲ 증류기와 온도계.

◀ 요이치 증류소의 증류기. 증류기에 매단 시메나와가 눈길을 뜬다.

▲ 증류기에 석탄을 넣는 디스틸러.

니터로 온도를 확인하며 석탄을 넣어 증류기의 온도를 800~1,200도로 유지하는 데 집중한다. 이처럼 직화 방식은 온도 조절에 손이 많이 가고 증류기 내부 관리도 어렵기 때문에 이 방식을 취하는 증류소는 스코틀랜드에서도 이제 손에 꼽힐 정도다.

요이치 증류소만의 특징

스코틀랜드의 증류소들과 다르게 요이치 증류소만의 특징도 있다. 특히 증류실에서 재미있는 점들이 많이 보였다. 첫 번째로 일본의 증류기 브랜드 제품을 사용한다는 점이다. 스코틀랜드가 아니더라도 세계의 많은 증류소에서 포사이스Forthy's 증류기를 수입해 사용하는 데 반해 자국에서 개발해 완성한 제품이라는 것이 인상적이다. 미야케Miyake Industries의 증류기와 당화조를 사용하고 있다.

두 번째로는 여러 가지 모양의 증류기를 사용한다는 점이다. 이미 야마자키 증류소에도 적용된 것인데, 여러 향미의 원액을 블렌딩해 블렌디드 위스키처럼 특유의 밸런스를 완성할 수 있다는 점이 특별하다.

세 번째로 증류기 위쪽과 숙성고 입구에 금줄이 보인다는 점이다. 앞서 일부 사케 양조장에서 본 것처럼 짚으로 꼰 줄에 종이 장식을 한 시메나와를 만들어 매달아두었다. 술이 만들어지는 공간을 정결하게 보호하고 신성함을 유지하려는 기원을 담았다. 생산이 잘 되기를 바라며, 전통

숙성고.

신앙을 이어가는 모습이 인상적이다.

요이치 증류소 투어

요이치 증류소 투어는 일반 투어와 VIP 투어로 나뉜다. 방문하기 전 웹사이트에서 예약해 방문할 수 있으며, 1개월 전에 투어 프로그램을 오픈한다. 기본적으로 위스키를 생산하는 과정은 두 가지 투어 모두에서 경험할 수 있다. VIP 투어에서는 다케쓰루와 리타의 사적인 공간을 조금 더 살펴볼 수 있으며, 테이스팅 위스키에서 차이가 있다.

요이치 증류소의 투어는 모두 일본어로 진행된다. 다행

요이치 증류소 투어 비교

구분	일반 투어	VIP 투어
입장료	무료	4,000엔
투어	-	다케쓰루 집무실 및 응접실
	예전 몰팅 건물	
	당화 및 발효실	
	증류실	
	숙성고	
	-	다케쓰루와 리타의 집
	테이스팅 룸	테이스팅 푸드 페어링 세미나
	애플와인, 슈퍼 닛카, 요이치 싱글몰트	원주, 네 종의 요이치 싱글몰트

히 외국인이라고 밝히면 영어 설명으로 도움을 준다. 아날로그의 나라답게 투어 내내 가이드가 따라다니면서 영어로 된 페이지를 펼쳐 보여주는데 마치 영화 <러브 액추얼리>에서 주인공에게 고백하는 장면과 비슷하다. 도움을 준 가이드가 할아버지여서, 그분이 팔이 아프진 않을까 내내 걱정이 될 정도로 성실하게 영어 페이지를 펼쳐주셨다.

취향이 엿보이는 다케쓰루와 리타의 집

다케쓰루와 리타가 실제로 살았던 시내의 집을 그대로 옮겨 와 복원한 집이다. 집 안 곳곳에는 백 년 전에 사용한 물건들의 흔적이 눈에 띈다. 사진 속의 다케쓰루는 소파에 앉아서 종종 담배를 피웠는데, 크리스털로 만든 재떨이와 커피 잔, 설탕 등이 함께 보였다. 실제로 방마다 오래된 재떨이가 놓여 있었는데, 알고 보니 그의 취향이 담긴 물건이었다.

다다미방 한쪽의 장롱에는 양복 재킷과 타이가 걸려 있었는데 가이드가 흰색 장갑을 끼고, 상하지 않게 조심해서 옷을 펼쳐 보여주었다. 트위드 울로 만든 재킷, 조끼, 바지로 스리피스 구성이었다. 재킷 안쪽에는 일본어로 다케쓰루라고 이름을 수놓았다. 타이는 이세탄 백화점 한정판 제품으로 지금 편집 숍에 놓여 있어도 전혀 어색하지 않을 만큼 아름다웠다. '아저씨 멋쟁이였군요.'

◀ 다케쓰루의 재떨이.

▲▲ 이름 자수가 눈에 띄는
다케쓰루의 울 재킷.

▲ 다케쓰루의 넥타이.

위스키 테이스팅

증류한 위스키 원액을 뉴 메이크라고 하는데, 일본에서는 원주라고 부른다. 요이치 증류소에서 증류한 위스키 원액은 63도이다. VIP 투어에서는 요이치의 뉴 메이크를 맛볼 수 있다. 솜사탕과 뻥튀기를 만들 때 나는 고소하면서도 달콤한 맛을 지녔다. 이어서 잘 익은 사과의 꽉 찬 맛이 느껴진다. 시나몬의 가벼운 스파이스 터치와 바람이 불 때 느껴지는 풀 향기도 있다.

요이치 증류소의 위스키는 묵직하고 구수하면서도 스모키하다. 반면 닛카의 자매 증류소인 미야기쿄의 위스키는 프루티하고 부드럽다. 사용하는 몰트도 다르고, 증류기의 모양 역시 다르다. 미야기쿄 증류소의 증류기는 볼^{ball} 형으로 상향식 라인 암$^{lyne\,Arm}$을 갖고 있고, 요이치 증류소의 증류기는 플레인^{plain} 형으로 하향식 라인 암을 갖고 있다. 그래서 미야기쿄는 가벼운 스타일, 요이치는 묵직한 스타일의 주질을 만들어낸다.

위스키와 푸드 페어링

요이치 증류소 안에 있는 리타 키친에서 푸드 페어링을 경험할 수 있다. 리타 키친은 다케쓰루의 아내 리타의 레시피를 참고해 스코틀랜드의 전통 요리를 선보이는 곳이다. VIP 투어를 진행하면, 이곳의 푸드 플래터 여섯 종을 위스키와 함께 맛볼 수 있다. 매시드 포테이토, 데친 삼겹살, 칵테일 새우, 스카치 에그 등 조금은 심심할 수 있는 스코틀랜드 전통 음식과 함께 강렬한 도수의 위스키를 맛보는 재미가 특별하다.

증류소 바와 숍

증류소 투어를 마치고 나면 증류소 내에 위치한 바에 꼭 들러봐야 한다. 요이치 증류소의 위스키들을 평균 3백 엔에 맛볼 수 있다. 그중에서 꼭 마셔봐야 할 것은 바로 요이치 증류소의 십 년 숙성 싱글 캐스크 원액이다. 15㎖에 1천 엔이라는 착한 가격으로 오직 증류소에서만 시음할 수 있다. 예전 증류기를 이곳 바에 설치하고, 이를 중심으로 원형 테이블을 둘렀다. 여기에 서서 증류기를 감상하면서 맛보는 위스키는 그야말로 기가 막히다. 애호가들의 마음을 섬세하게 만져준다고나 할까.

위스키 애호가들이 요이치 증류소를 사랑하는 또 다른 이유는 이곳에서만 구매할 수 있는 위스키 때문이다. 컬러와 향으로 위스키의 특징을 직관적으로 보여주는 보틀이다. 셰리&스위트는 셰리 캐스크에서 숙성되어 달콤한 풍미를 강조한 위스키로, 한국인에게 가장 인기가 많다. 피티&솔티는 피트의 스모키함과 약간의 짭짤한 맛이 특징이다. 우디&바닐릭은 오크 통 숙성을 통해 바닐라 향과 나무의 풍미를 지닌 위스키로, 밸런스가 뛰어나다. 나는 이 위스키를 가장 좋아한다. 이 특별한 위스키는 일인당 한 병

▲ 요이치 증류소 바의 예전 증류기.

▲◀ 요이치 증류소에서 만날 수 있는 싱글 캐스크 원액.

▲▶ 리타 바 내부의 테이스팅 룸에서 즐기는 요이치 위스키.

씩만 구매 가능하다. VIP 투어에서는 해당 위스키를 테이스팅용으로 제공하기 때문에 미리 마셔보고 구매할 수 있다는 장점이 있다. 각종 몰트 과자 및 쿠키와 치즈, 샤퀴테리 등이 있는데, 재미있는 것은 요이치 증류소에서 나오는 오크 통을 활용해서 만든 것들이 있다는 점이다. 위스키 안주로 구매해서 함께 맛보기를 추천한다.

    증류소 숍에서 두 손 무겁게 구매해 나오는데, 스케치북을 펼쳐주셨던 가이드 할아버지가 손짓하며 뛰어오셨다. 무슨 일인가 싶어 걸음을 멈추고 기다렸다. 그는 언어가 통하지 않는 내게 작은 휴지 조각을 건넸다. 의아한 표정으로 쳐다보니, 할아버지는 그것을 펼쳐 안에 들어 있는 네잎클로버를 보여주었다. 증류소를 떠나는 내게 행운을 선물하다니…. 환해진 내 표정을 보며, 그도 안심한 듯 미소를 지었다. 고개를 숙이고 감사하다는 말을 여러 차례 전하며 증류소를 나섰다. 요이치 증류소가 더 좋아졌다.

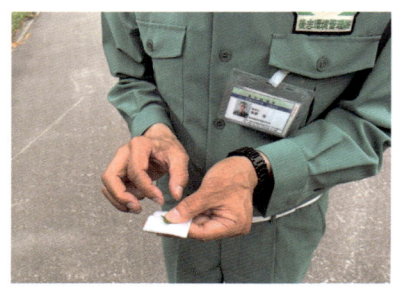 

깜짝 선물 네잎클로버.

Master Class

요이치 증류소의 시니어 블렌더
오자키 히로미 尾崎裕美 의 오픈 세미나

닛카 위스키는 취재에 다소 보수적이어서 생산자 인터뷰를 진행하기가 어려웠다. 그런데 감사하게도 홋카이도 위스키 페스티벌의 오픈 세미나로, 요이치 증류소의 시니어 블렌더인 오자키 히로미 씨의 마스터 클래스를 들을 기회가 생겼다. 그에게 들은 내용 중에서 인상적인 내용을 소개한다.

저는 닛카 위스키에서 시니어 블렌더를 맡고 있는 오자키 히로미라고 합니다. 작년까지만 해도 코로나 때문에 이런 행사가 불가능했는데, 드디어 올해(2023년)부터 각지에서 이런 행사가 열리게 돼 무엇보다 기쁩니다. 제가 홋카이도에서 이런 큰 세미나를 하는 것은 처음이라, 오늘 매우 기대하면서 왔습니다.

이번 세미나의 주제는 '닛카 위스키의 90주년'을 기념하는 내용입니다. 한 달 뒤면 90주년이 되지요. 오늘은 요이치 증류소의 변화에 관해 이야기를 나누려고 합니다.

우선 최근 일본 위스키의 인기가 굉장히 높아지면서 위스키 수급이 어려워지는 바람에 여러분께 심려를 끼치고 말았습니다. 위스키 원액이 계속 부족한 상황이라 원활한 유통을 위해 추가 생산을 준비하고 있습니다. 먼저 기존의 더니지 숙성고로는 수요를 감당하기 어려워서, 높이 30미터의 20층으로 쌓을 수 있는 랙형 숙성고를 새로 지었습니다.

닛카 위스키는 90주년을 기념하기 위해 2021년부터 한정 수량이지만 '닛카 디스커버리 시리즈'를 발매하고 있습니다. 이 시리즈는 위스키 제조 과정에서 원료, 발효, 증류 등 다양한 요소의 변화를 통해 새로운 맛과 향을 탐구하는 한정판 제품들로 구성되어 있습니다. 요이치 증류소는 피티드한 위스키로, 미야기쿄 증류소는 비교적 프루티한 위스키라는 이미지가 있습니다. 그래서 그 반대로 요이치에서는 논피티드 위스키로, 미야기쿄에서는 라이트와 헤빌리 피티드 위스키를 내놓으며 새로움을 선사하고 있습니다. 또 이 위스키들을 블렌딩한 위스키를 내놓기도 했고요.

'디스커버리 시리즈'의 두 번째 제품은 2022년에 출시한 아로마틱 이스트 Aromatic Yeast입니다. 요이치는 사과나 배 등 신선한 과일의 향을 내고, 반대로 미야기쿄는 살구나 복숭아 등 비교적 잘 익은 진한 과일 향이 나는 위스키를 출시하고 있습니다. 효모를 통해서 어떻게 위스키의 향미가 극대화되는지를 함께 탐구해보고 싶었습니다. 요이치의 이탄은 사과, 배, 노란 멜론의 과일 향과 백합과 카네이션 꽃향기로 가득합니다. 자두와 튤립 향기, 감초, 훈제 향기로 여운이 이어집니다. 미야기쿄는 배, 복숭아, 살구와 라벤더, 마시멜로로 이어지는 섬세한 프로필을 보여줍니다. 고소한 맥아와 시리얼, 브리오슈, 아카시아 꽃, 건초, 버베나, 카모마일처럼 더 많은 허브 노트가 강조됩니다.

'디스커버리 시리즈'의 세 번째 제품은 '닛카 더 그레인 Nikka The Grain'입니다. 2023년 3월에 출시된 이 특별판은 네 개의 닛카 증류소에서 엄선한 최고급 증류액을 사용해 만든 것으로, 블렌딩 예술에 대한 헌사라 할 수 있습니다. 네 개의 닛카 증류소는 현재도 운영하고 있는 미야기쿄, 1998년에 문을 닫은 효고 현의 니시노미야西宮, 그리고 소주 생산에만 전념했던 후쿠오카의 모지門司와 가고시마의 사쓰마 쓰카사さつま司가 있습니다. 이 그레인 위스키는 밀랍, 향기로운 허브, 신선한 과일의 블렌드가 바닐라, 시리얼 뉘앙스와 어우러져 풍부한 맛의 프로필을 드러냅니다.

니시노미야 증류소의 오래된 코페이 그레인Coffey Grain(옥수수와 맥아 보리)과 코페이 몰트Coffey Malt(100% 맥아 보리) 및 미야기쿄의 코페이 그레인과 코페이 몰트를 결합한 세심한 블렌딩의 결과물입니다. 이 증류액은 발리 그레인Barley Grain(맥아와 비맥아 보리)과 콘 앤드 라이Corn & Rye(맥아 보리, 옥수수, 호밀)로 풍부해졌으며, 모지와 사쓰마 쓰카사 증류소의 철제 증류기에서 증류되었습니다. 알코올 도수 48%로 병입하고 새로운 미국산 오크 통에서 숙성한 이 그레인 위스키는 부드러운 질감과 복잡한 아로마 팔레트를 제공합니다. 오래된 증류액과 새로운 증류액이 조화롭게 섞여 독특한 감각의 경험을 선사합니다. 이런 곡물의 다양성을 여러분들이 즐길 수 있으면 좋겠다는 생각에 출시하게 되었습니다.

모든 사람이 위스키를 즐기기는 어렵다고 생각합니다. 그래서 위스키를 드시지 못하는 분들을 위해 '칵테일'이라는 방법을 택하게 되었습니다. 이번에 소개할 칵테일의 이름은 '노스탤지어'입니다. 그리워서 다시 한 번 돌아오고 싶게 만드는 도시, 요이치의 이야기입니다. 계절에 따라 석조 건물에 눈이 쌓여가는 모습을 닛카 위스키의 특징인 바닐라 향으로 그려보았습니다. 이를 증폭시키기 위해 베일리스 아이리시 크림을 추가로 사용했고요. 에스프레소를 넣어서 맛의 중심을 잡고, 눈이지만 따뜻하고 폭신한 질감을 전달하기 위해 생크림을 넣어 흔들어서 부드럽게 완성했습니다. 칵테일을 한 모금 마신 후에, 다시 밤에 돌아와서 마시고 싶다는 마음을 떠올린다는 이미지를 상상하며 만들어보았습니다.

처음 노다 씨의 바를 방문했을 때, 이 노스탤지어 한 잔을 맛있게 마셨던 기억이 납니다. 블랙 닛카 클리어가 베이스로 사용됩니다. 흔히들 '블랙 낫카 클리어'라고 하면 싼 술 아니냐는 말을 많이 듣습니다. 그런데 특별한 메시지를 담아 소개해주셔서 당시에 굉장히 기뻤던 기억이 납니다. 바텐더라는 직업은 블렌더를 비롯해 만드는 사람의 마음을 상품에 담거나 스토리를 한 단계 더 높은 차원으로 끌어올려주는 직업이라는 것을 잘 알 수 있었습니다.

올해는 창업자인 다케쓰루 마사타카 씨가 야마자키 증류소에서 위스키를 만들기 시작한 지 꼭 백 년이 되는 해입니다. 일본 위스키 역시 백 년이라는 매우 기념비적인 해이기 때문에 업계에서 마음을 모아 이를 축하하고 있습니다. 최근 일본에서 크래프트 증류소들이 많이 설립되고 있는 것도 감사하게 생각합니다. 모두 함께 일본 위스키를 활성화해 나가면 좋겠습니다. 다만 일본 위스키의 인기에는 거품도 좀 있다는 생각이 듭니다. 저로서는 좋은 위스키를 제대로 만들어서 적정 가격에 안정적으로 공급할 수 있는 체제를 만들어가고 싶습니다. 그럼 앞으로도 여러분, 잘 부탁드리겠습니다. 감사합니다.

백 년 사케 회사에서 만드는 위스키

니세코 증류소
Niseko Distillery

478-15 Niseko, Abuta District, Hokkaido

니세코 증류소 앞에 세워진 간판.

니세코 증류소는 여느 증류소와는 입구부터 분위기가 다르다. 자갈을 깐 정원에 길게 난 길을 따라 입구에 들어서면, 콘크리트로 만든 묵직한 직각 형태의 지붕이 나온다. 이 특별한 동선과 여백의 미 때문에 일본의 어느 미술관이나 교회에 들어선 듯한 기분이 든다. 입구 벽에는 아주 작은 글씨로 '니세코 증류소ニセコ蒸溜所'라고 적혀 있다. 니세코 증류소의 로고는 니세코의 'n'과 디스틸러리의 'd'를 조합했다고 하는데, 증류기를 떠올리게 하는 동판에 새겨져 있다. 증류소 내부로 들어가기 전부터 첫인상이 강렬했다.

니세코 증류소는 2022년 일본 디자인 협회에서 사인 디자인상 은상을 수상했다. 이 상은 뛰어난 사인 디자인으로 공간과 환경의 조화를 이룬 작품에 수여된다. 니세코 증류소는 독특한 건축 디자인과 함께 방문객에게 명확하고 세련된 안내를 제공하는 사인 시스템을 구축해 이 상을 받았다고 한다.

증류소의 문을 열고 들어가면 전혀 다른 풍경이 펼쳐진다. 콘크리트였던 입구와 달리 실내는 홋카이도 시리베시 지역의 낙엽송으로 지어져 목조 건물 특유의 따뜻한 느낌을 준다. 또 높게 뻗어 있는 증류기 뒤로는 유리 창을 내어 파란 하늘과 나무들이 보이는 모습도 아름답다. 마치 증류소 안에 자연이 들어와 있는 듯하다. 니세코 증류소는 카지마 아키텍트Kajima Architect에서 설계했는데, 세부 증류 시

▲ 니세코 증류소 입구.

▶ 홋카이도 우드 HOKKAIDO WOOD 인증 명판.

▶ 8월의 녹음이 돋보이는 니세코 증류소.

▼ 니세코 증류소의 내부.

설은 자체적으로 기획했다고 한다.

한눈에 보이는 증류실

대개 증류소는 증류실과 방문자 센터가 나뉘어 있는데, 이곳은 한 공간에 모여 있다. 그래서 증류실에 입장하면 카페도 만날 수 있고, 기념품 숍에서 굿즈도 구매할 수 있다. 게다가 모든 공간이 탁 트여 있기 때문에 어디서나 증류기를 감상할 수 있다. 보통 증류기는 2층 구조의 건물에 설치되며, 하단부는 대부분 1층에 매립되어 방문객들은 2층에 노출된 상단부만 볼 수 있다. 그런데 이곳은 노출형 계단을 만들어서 전체 증류기의 모습을 한눈에 볼 수 있다. 증류기가 설치된 모습을 오롯이 구경하고 싶다면, 이곳만큼 훌륭한 전시실도 없을 듯하다.

오호로 진

니세코안누푸리 산과 요테이 산 사이에 있는 니세코는 눈이 많이 내리는 곳으로, 특히 겨울에는 스키장으로 유명한 관광지이기도 하다. 이 지역은 물이 좋고 자연환경도 위스키를 제조하기에 알맞다. 니세코 증류소에서는 진과 위스키를 주로 생산한다. 2019년에 설립해 2021년에 첫 증류를 시작했다.

증류소 투어는 진 제조 공정을 살피는 것으로 시작된다. 여기서는 독일의 아르놀트 홀슈타인Arnold Holstein의 하

▲ 오호로 진 테이스팅.

◆ 오호로 진 일본 페퍼민트 테이스팅. 일본 페퍼민트를 첨가해 특유의 향미를 잘 살렸다.

▼ 일본의 지역 식재료를 활용해 독창적인 맛을 선보이는 젤라토. 허스키 젤라토와 오호로 진의 컬래버레이션으로 탄생했다.

이브리드 증류기를 사용한다. 약 7~8시간 증류하는데, 현재 오호로オホロ 진은 주 1회 생산하고 있다. 주니퍼 베리, 카모마일, 고수 씨앗, 안젤리카 뿌리, 리코리스(감초 뿌리), 오리스 뿌리(아이리스의 말린 뿌리) 등 13가지 식물을 재료로 사용해 오호로 진을 만든다. 니세코 지역에서 자라는 일본 박하와 야치야나기(소귀나무)를 섞어서 지역색을 더했다. 증류한 진에 레몬, 라임, 오렌지, 자몽, 유자 등 시트러스류의 껍질을 첨가해 향을 입힌 것도 특징적이다. 대체로 증류 과정에서 시트러스 껍질을 포함시키거나 증류한 후에 인퓨징을 통해 향을 부여한다. 증류한 진이 액화되기 전에 가향 작업을 하는 것이 아로마틱한 오호로 진의 노하우다. 오호로는 아이누어로 '계속'이라는 뜻이다.

니세코 위스키

증류기 뒤쪽으로 작은 맥아 분쇄실이 보인다. 그 안에는 스코틀랜드 크리스프Crisp 사의 증류용 몰트가 쌓여 있다. 분쇄기는 스위스 뷜러Bühler 사의 제품으로 표준 분쇄(허스크 2: 그리츠 7: 플라워 1)를 따른다. 스테인리스 당화조는 슬로베니아 에스케이 슈카를SK Škrlj 사의 제품으로 6천 리터 용량인데, 실제로는 5천 리터 정도를 사용한다. 1배치에 1톤의 몰트를 쓰며, 당화하는 데 약 6시간이 소요된다. 발효조는 세 대 모두 나무 발효조로, 건조 효모를 사용해 96시간의 발효 시간을 거치면, 워시(발효액)의 알코올 도수가 약 7.5%가 된다.

앞서 입구에서 보았던 증류기를 가까이 다가가서 살펴보았다. 스코틀랜드 포사이스 사의 증류기로, 1차 증류를 하는 초류기는 5천 리터, 2차 증류를 하는 재류기는 3천 5백 리터 용량이다. 재류기는 발베니 증류소와 유사한 벌지형으로 볼에서 환류를 촉진시켜 단정한 스피릿을 만들어낸다. 라인 암은 평행을 이룬다. 초류와 재류는 각각 약 6시간으로, 총 12시간이 걸린다. 스팀 간접 가열 방식으로 2차 증류 후 알코올 도수는 약 71% 정도인데, 가수하여 60.5%로 낮춰서 오크 통에 담는다. 대개의 증류소가 63.5%에 통입하는 것과 달리 낮은 도수에서 숙성을 시작하는 이유는 연간 증발량이 적기 때문이다. 주 2~3회 증류를 진행한다.

스위스 뷜러 사의 분쇄기와 스코틀랜드의 크리스프 몰트.

니세코 증류소가 사용하고 있는
스코틀랜드 포사이스 사의 증류기.

니세코 증류소의 숙성고.

더니지 숙성고

이제 증류실에서 나와 숙성고로 이동했다. 목조로 된 니세코 증류소의 숙성고는 전통적인 더니지 숙성고의 형태다. 더니지 숙성고는 스코틀랜드의 전통적인 위스키 숙성고로, 낮은 천장과 두꺼운 돌벽, 흙바닥으로 된 형태다. 오크 통을 세 줄 정도로 쌓아 올려 장시간 위스키를 숙성하는 동안 온도와 습도가 비교적 일정하게 유지된다. 이때 사용하는 목재는 오크와 소나무다. 니세코 증류소에서는 일본산 소나무로 더니지 숙성고를 구현했다. 홋카이도산 소나무는 연한 황백색이고, 스코틀랜드산 소나무는 황갈색이다. 이로 인해 니세코 증류소의 더니지 숙성고는 스코틀랜드의 숙성고와는 다른 분위기를 자아낸다. 히터와 에어컨 같은 별도의 온도 조절 장치 없이 자연의 기온에 따라 숙성이 이뤄지며, 서늘한 기후 덕분에 위스키는 천천히, 부드럽게 익어간다.

숙성고 안에는 뉴 아메리칸 화이트 오크, 버번 배럴, 프렌치 오크, 스패니시 셰리 배럴 등 다양한 오크 통이 보인다. 그중에서 가장 많은 것이 아메리칸 화이트 오크였는데, 오크 통 리드에는 아리아케 배럴Ariake Barrel이라고 적혀 있다. 아리아케 배럴은 일본의 독립적인 오크 통 제작소 아리아케상교有明産業에서 제작한 오크 통이다. 1963년에 교토의 후시미 지역에서 오다와라 도시오小田原俊雄 씨가 설립한 이 회사는, 초기에는 사케 병을 담기 위한 나무 상자를 제

니세코 증류소에서 발견한 아리아케 배럴.

작하다가 1984년부터 와인과 소주 제조업체를 위한 오크 통을 생산하기 시작했다. 1997년에는 미야자키 현에 아리아케 배럴이라는 새로운 시설을 건립하고, 현재 일본에서 몇 안 되는 독립적인 쿠퍼리지로 활동하고 있다. 이곳에서는 20년 이상의 경력을 가진 11명의 숙련된 장인들이 연간 약 3천6백 개의 오크 통을 수작업으로 제작한다. 아리아케 배럴은 전통적인 제작 방식과 장인 정신을 바탕으로, 일본의 주류 산업에서 중요한 역할을 담당하고 있다.

테이스팅

이어서 다시 증류기가 있는 바 공간으로 이동했다. 증류한 원액인 뉴 메이크를 테이스팅할 수 있도록 물잔과 티스푼을 함께 세팅해주었다. 60.5도의 뉴 메이크에 물을 한 방울씩 첨가하면서 다양한 향을 느껴보라는 취지에서다. 니세코 증류소의 뉴 메이크는 솜사탕의 맛을 닮았다. 너무 맛있다. 몰트의 고소함, 바나나의 달콤함, 후추의 스파이스처럼 다채로운 맛이 느껴지는데, 피니시가 사카린을 넣고 찐 옥수수처럼 감칠맛이 뛰어나다.

증류소 바에서는 사케도 판매한다. 진과 위스키 같은 증류주가 아니라 사케를 파는 게 조금 의아했는데, 심지어 아마자케로 만든 목테일(무알코올 칵테일)도 보였다. 사실 니세코 증류소는 일본 니가타 현에 본사를 둔 핫카이 슈조八海釀造의 그룹사다. 핫카이 슈조는 1922년에 설립된 양

핫카이산 라이스 위스키 '니세코 에조 후지'.
니세코의 요테이 산을 부르는 옛 이름이 바로 '에조 후지'다.
핫카이산의 본진인 니가타가 아닌 홋카이도의 쌀 폼종인 수이세이로
만들었다.

조장으로 백 년 이상의 역사를 자랑한다. 우리나라에서도 유명한 사케 '핫카이산八海山'을 생산한다. 이곳에서 사케를 맛볼 수 있는 게 전혀 이상한 일이 아니었던 것!

마침 이곳에서 시음해보면 좋은 위스키가 있었다. 핫카이산 라이스 위스키! 사케 양조장으로 시작한 핫카이의 DNA를 보여주는 위스키로, 쌀 90%와 맥아 10%로 만들었다. 니가타 현의 보누마에서 생산한 위스키로, 감압 증류해 5년 동안 화이트 오크 통에서 숙성했다. 핫카이 슈조의 사케와 니세코 증류소의 중간 과정쯤 되는 위스키로 이해하면 될 듯하다. 자두, 체리, 밀크 초콜릿의 향미와 밸런스가 뛰어나다.

2025년은 3년이 되는 해로, 니세코 증류소의 첫 숙성 위스키를 곧 만날 수 있다. 앞으로 숙성의 시간을 지나 만나게 될 니세코 증류소의 위스키가 기대된다.

니가타의 전통 공예품이 눈길을 끄는 기념품 숍

이곳 기념품 숍의 큐레이션이 예사롭지 않다. 여러 지역의 공예품을 소개하는데, 하나하나가 예술의 경지를 보여준다. 위스키처럼 세월이 묻어나는 전통 일본 공예품을 선별했다고 한다. 특히 핫카이 슈조가 있는 니가타 지역의 공예품에 특화되어 있다.

먼저 눈에 띈 것은 니가타의 키세루(곰방대)다. 일본이 자랑하는 금속공예 마을 니가타 현 쓰바메 시의 이즈카

노보루飯塚昇 씨가 전통의 기술에 새로운 디자인을 도입해 만든 것이다. 다양한 길이와 손잡이의 곰방대를 감상하다 보니 갑자기 공예 박물관으로 이동한 기분이다. 다음으로는 손톱깎이가 눈에 들어온다. 1926년에 창업한 스와다 제작소諏訪田製作所의 제품이다. 손톱의 모양을 따라 부드럽게 자를 수 있다. 일반인은 물론 네일 전문 숍에서도 애용한다고 한다. 6개월 치 주문이 밀려 있을 정도로 인기가 높다. 1939년에 창업한 젓가락 브랜드 마루나오マルナオ의 제품도 아름다웠다.

하지만 무엇보다 나를 사로잡은 것은 1949년에 창업한 야마추山忠의 바 용품과 스푼이다. 특히 로얄 시리즈가 손잡이의 곡선미가 아름다워 인기가 높다. 나는 얼음을 깎을 수 있는 픽을 구매했다. 얼음을 예쁘게 깎아서 위스키를 한 잔 마시는 모습을 상상하면서….

낮에 위스키 테이스팅하기 좋은 곳

더 위스키 테이스팅 룸 삿포로 점

The Whisky Tasting Room 札幌店

2 Chome-6-2 KT三条ビル 1F,
Minami 3 Jonishi, Chuo Ward,
Sapporo, Hokkaido

교토 대학교와 협업해 만든 샤코탄 시소 진.

이곳은 오후 2시부터 위스키를 테이스팅하기 좋은 공간이다. 증류소의 오피셜 보틀보다 독립 병입자의 보틀이 주를 이루는 곳이다. 요이치 증류소, 이치르몰트 등 일부 일본 위스키도 보인다. 이곳의 특별한 점은 독립 병입한 위스키와 그 위스키를 미즈나라 캐스크에서 추가 숙성한 제품을 판매한다는 점이다. 엄청난 밸런스와 맛을 기대하기보다 공부하는 마음으로 맛보길 권한다. 홋카이도 위스키 페스티벌 보틀도 보여서 반가운 마음에 몇 잔을 하프로 맛보았다.

바로 옆에는 진을 테이스팅할 수 있는 공간이 별도의 매장으로 분리되어 있다. 일본의 크래프트 진을 다양하게 맛볼 수 있다. 니세코 지역의 시소를 넣어 만든 샤코탄 증류소의 진을 맛보았다. 시원한 시소 향과 이슬에 촉촉이 젖은 풀잎 향이 매력적이었다.

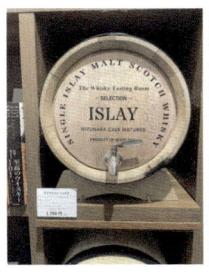  

◀ 미즈나라 오크 통에 숙성한 아일라 싱글몰트 우 스키.
◆ 홋카이도 위스키 페스티벌 기념 위스키.
▶ 더 위스키 테이스팅 룸 삿포로 점에서 테이스팅한 위스키.

요이치 위스키의 진수를
만날 수 있는 바

바 보타
Bar Bota

1Chome-11-3 Hanazono,
Otaru, Hokkaido

오타루에 숙소를 두고, 요이치의 양조장 일정을 소화했다. 보통 숙소를 정할 때 가장 중요하게 고려하는 사항은 도보로 갈 수 있는 술집이 몇 군데나 있는지다. 오타루에서 일주일 정도 지내는 데 가장 큰 영향을 준 곳은 바로 '바 보타'다. 매일 여기만 탐험해도 충분하다는 생각이 들 정도로 대단한 위스키 셀렉션이 있는 곳이다.

요이치 증류소와 오타루는 대중교통으로 30분 정도 거리로, 비교적 가까운 편이다. 바 보타는 요이치 증류소의 닛카 위스키를 가장 많이 보유한 곳이기도 하다. 위스키 팬이라면 증류소 투어 일정과 함께 반드시 방문하는 코스 중 하나로, 주말에는 거의 만석인 경우가 많다

골목길 사이에 있는 작은 공간은 밖에서부터 아우라가 느껴진다. 1923년에 지어진 건물로 2023년에 백 주년을 맞이했을 정도로 유서 깊은 곳이다. 이 고풍스러운 공간에서 맛보는 위스키라니, 기대되지 않는가?

이번 홋카이도 일정 중에 무려 다섯 번이나 이곳을 찾았다. 처음 방문한 날에는 다케쓰루 17년 두 종을 비교 시음했다. 일본 위스키의 선구자인 다케쓰루 마사타카의 이름을 따서 만들어진 위스키다. 닛카 위스키가 소유하고 있는 요이치 증류소와 미야기쿄 증류소에서 생산된 몰트 위스키를 블렌딩해 만드는데, 이를 '퓨어 몰트 위스키'라고 부른다. 나는 다케쓰루 특유의 섬세한 밸런스를 좋아한다. 초콜릿과 말린 과일, 가벼운 스모크 터치…. 차가운 공

기 속에서 다케쓰루를 처음 맛보았을 때, 그 맛은 피아노 건반에서 '솔'을 누른 것처럼 맑은 향미가 느껴졌다. 그 음이 아직까지도 생생하다. 다케쓰루 17년은 2020년을 끝으로 생산이 중단되었다. 그 바람에 지금은 구하기가 너무 어려워서 오늘처럼 바에서 만나면, 첫 잔으로 청하게 되는 술이다.

또 다른 다케쓰루 17년은 2012년에 병입된 위스키로, 논칠필터링Non Chill-Filtering 제품이다. 냉각여과Chill-Filtering란 위스키를 낮은 온도로 냉각해, 위스키를 혼탁하게 만들 수 있는 지방산, 에스테르, 단백질 등을 제거하는 과정을 말한다. 논칠필터링은 이 과정을 생략한 것으로, 위스키 본연의 맛과 향을 온존히 보존해 애호가들 사이에서 인기가 높다. 보통의 다케쓰루 17년이 43도인 데 반해 이 보틀은 46도로 도수가 높아 응축된 맛을 즐길 수 있다.

"다케쓰루를 좋아하나 봐요?"

"네! 특유의 블렌딩 밸런스가 너무 좋아요. 하지만 이제는 만나기 어려워서 아쉬워요. 특히 서울에서는 정말 맛보기 힘들거든요."

"이제 그만 마셔야죠!"

마스터는 젠틀하면서도 유머가 있는 분이었다. 무엇보다 영어를 잘했다. 일본에서 영어를 잘 구사하는 오너 바텐더를 만나기는 쉽지 않기에 더 반가웠다. 나중에 물어보니 젊은 시절에 성우와 라디오 DJ, 출판 편집자로 활동했다고 한다. 또 알래스카에서 지내면서 영어를 익혔다고 덧붙였다. 일본의 위스키 애호가들 사이에서는 보타의 마스터를 줄여서 '보타 마스Bota-mas'라고 부른다.

다음 날에도 증류소를 다녀온 뒤 다시 보타를 찾았다. 전날 얼굴을 익혔다고, 보타 마스는 반갑게 닿아주었다.

"오늘도 다케쓰루로 시작할래요?"

그는 술장을 뒤적이더니, 생소한 보틀을 꺼내 왔다. 다케쓰루 21년 80주년 기념 에디션이었다. 일본 닛카 위스키의 창립 80주년을 기념해 2014년에 출시된 특별한 퓨어 몰트 위스키다. 기존의 21년 숙성은 43도인데 이 에디션은 48도로 도수가 더 높아서 깊은 맛을 직관적으로 느낄 수 있다. 위스키 애호가의 마음을 딱 짚어내는 추천이었다.

그후 보타에 들렀던 어느 날은 요이치 증류소의 싱글 캐스크를 1990년대에 증류한 보틀부터 버티컬 테이스팅vertical tasting(생산지별로 혹은 빈티지별로 여러 위스키를 비교 시음하는 것)으로 권했다. 보통 싱글몰트 위스키는 여러 개의 캐스크에서 꺼낸 위스키 원액을 블렌딩해서 병입하지만, 싱글 캐스크는 하나의 오크 통에서만 위스키 원액을 빼내 담은 것이다. 증류소의 색을 제대로 느껴브려면 정규 발매하는 위스키가 더 적합하지만, 애호가들은 특별한 캐스크 하나하나에 집중하고 싶은 마음이 크다. 게다가 주로 맛이 좋은 허니 캐스크Honey Cask를 싱글 캐스크로 발매하기 때문에 기대를 안고 만나게 된다. 1990년, 1991년, 1998년,

2009년을 순서대로 하프로 주문해 다양한 위스키 원액을 맛보며, 요이치 증류소의 색깔을 집중해서 만나보았다.

앗케시^{厚岸} 증류소의 위스키를 처음 맛본 곳도 보타였다. 글렌 머슬$^{Glen\ Muscle}$이라는 이름인데, 일본 위스키와 스카치 위스키의 블렌디드의 위스키였다. 홋카이도의 바를 위한 한정 보틀이라고 한다. 우측 로고에는 함께한 네 개의 바 이름이 적혀 있었다. 하나의 캐스크(200리터 ASB라고 가정했을 때)에서는 숙성 연수에 따라 다르지만, 보통 2백여 병이 나온다. 그리고 적게는 7천만 원에서 1억 원, 많게는 이를 훌쩍 상회하는 비용이 들기 때문에 하나의 바에서 혼자 비용을 감당하기에는 꽤 부담이 크다. 바 문화가 일찍이 발달한 일본에서는, 특히 지역별 바 연대가 잘 이루어지는 곳이라면, 마음 맞는 바들이 함께 하나의 오크 통을 구매해서 위스키를 만들기도 한다.

이어서 홋카이도 오비히로 시에 위치한 몰트 바 '피시본$^{fish\ born}$'과 협업해서 출시한 앗케시 5년 숙성 싱글 캐스크를 맛보았다. 강렬한 스모크 향, 흙 내음과 다채로운 스파이스가 좋았다.

이번 홋카이도 방문에서 꼭 가고 싶었던 행사는 '홋카이도 위스키 페스티벌'이었다. 여러 브랜드와 바가 함께 참여하는 지역 위스키 축제로 일본 전역에서 오는 위스키 팬들이 한자리에 모이는 축제의 장이다. 이번 방문과 기간이 겹쳐서 한번 경험해보고 싶었지만 티켓이 빠르게 매진되는 바람에 기회를 놓쳤다. 혹시나 하는 마음에 보타 마스에게 이야기를 꺼냈다.

"홋카이도 위스키 페스티벌에 너무 가고 싶은데, 방법이 있을까요?"

"아마도 티켓이 마감돼서 구하기가 쉽지 않을 거예요. 운영위원회에 아는 분이 있는데 한번 전화로 물어볼게요."

일본어로 한참 통화하던 사장님은 아쉬운 표정을 지으며, 도움을 주기 어렵다고 했다. 해볼 만큼 했다 싶어서 마음을 접었다.

한참 위스키를 마시고 있는데, 어르신 두 분이 들어와서 바에 앉았다. 일본에서는 흔히 볼 수 있는 모습이었다. 친구와 함께 한참을 앗케시 위스키에 감탄하면서 맛보고 있는데, 옆자리에서 한국어가 들렸다.

"한국 분이세요?"

좀 전에 들어온 어르신 중 한 분이었다.

"네, 서울에서 왔어요. 여기에 사세요?'

"네. 한국 분이 여기까지 오는 게 쉽지 않은데, 반갑네요! 저는 오타루 대학교 경영학과 교수로 있다가 최근에 정년 퇴직하고, 현재 지역 브랜드 프로젝트를 하면서 지내고 있어요."

타지에서 한국인을 만나니 더 반가웠다. 대화를 나눌수록 재미있고 다정한 분이라는 걸 알 수 있었다. 같이 온 어르신도 소개해주었다.

"이쪽은 서울에서 오신 보연 씨. 위스키 칼럼니스트로 활동하고 있고, 취재 목적으로 오셨다고 해요."

"이분은 오타루에서 가장 큰 인력 컨설팅 비즈니스를 하는 대표예요. 몰트 애호가이기도 하고요. 오늘도 대표님이 오자고 해서 왔어요."

교수님의 소개로 함께 인사를 나누고, 서로의 위스키에 대해 감상평을 나누었다. 그러다가 대표님이 내게 이런 말을 했다.

"홋카이도 위스키 페스티벌 일정에 맞춰서 왔나 봐요?"

"이번에는 증류소와 와이너리 취재차 방문했어요. 페스티벌에 너무 가고 싶어서 티켓을 알아봤는데 매진돼서 방법이 없더라고요. 너무 아쉬워요."

이야기를 듣던 그는 가방에서 수첩을 꺼내더니 종이 한 장을 내게 건넸다. 홋카이도 위스키 페스티벌 티켓이었다.

"저보다는 보연 씨에게 더 좋을 것 같아요. 제가 가려고 예매해둔 티켓이에요."

그는 무려 5천 엔이나 하는 티켓을 처음 보는 내게 선물로 주었다. 이런 운명 같은 인연이!

"저도 나중에 홋카이도 위스키 페스티벌처럼 오타루 위스키 페스티벌을 개최해보고 싶거든요. 실은 여기 보타 바도 참여했으면 해서 이야기를 나눠보려고 오늘 온 거예요."

영화의 한 장면처럼 강렬한 순간이었다. 우리의 대화를 지켜보던 보타 마스도 흐뭇한 미소를 지었다.

▲◀ 보타에서 만난 다케쓰루 시리즈.

▲▶ 보타에서 만난 요이치 증류소 싱글 캐스크 시리즈.

▼◀ 닛카 위스키 올드 보틀.

▼▶ 위스키 페스티벌 티켓.

"고맙습니다. 답례의 의미로 한잔 대접해도 될까요?"

"마스터, 혹시 이곳 보타 바의 한정판 보틀이 있나요?"

"10주년을 기념하면서 출시한 위스키가 있는데, 한번 보시겠어요?"

마스터는 보타 바의 10주년을 기념해 출시된 싱글몰트 위스키를 한 병 꺼내 왔다. 영국의 위스키 숍인 위스키 익스체인지에서 9백 병 한정으로 생산한 위스키였다. 하일랜드에 위치한 증류소로, 이름은 숨겨두었다.

"마스터, 벤네비스예요?"

"맞아요. 우리 정체성에 맞추었죠."

벤네비스 증류소는 1825년부터 스코틀랜드 하일랜드의 전통을 지켜온 역사 깊은 증류소다. 1989년, 닛카 위스키에 인수되면서 스코틀랜드와 일본의 위스키 문화가 결합된 특별한 역사를 갖고 있다.

감사 인사를 나누고, 아쉬움을 뒤로한 채 자리에서 일어났다. 마스터가 잠시만 기다려 달라고 하더니, 작은 병에 위스키를 담아주었다.

"비싼 위스키는 아니지만, 예전 닛카의 블렌디드 위스키예요.. 나이트캡으로 좋을 것 같아서요."

보타 마스는 '하이 닛카 위스키 Hi Nikka Whisky'라는 이름의 블렌디드 위스키를 담아주면서 마지막까지 환대를 이어나갔다. 그날 밤은 어떠한 꿈도 꾸지 않고, 편히 푹 잤다.

Hidden Event

홋카이도 위스키 페스티벌

HOKKAIDO WHISKY & SPIRITS FEST

https://
www.hokkaidowsf.com

2023년 홋카이도 방문에서 가장 기대가 컸던 행사는 '홋카이도 위스키 & 스피리츠 페스티벌'이었다. 팬데믹으로 행사를 중단했다가 4년 만에 재개한 터라 더 관심이 쏠렸다. 행사는 로이턴 삿포로 Royton Sapporo(현재는 그랜드 머큐어 삿포로 오도리 공원으로 바뀌었다)에서 진행되었다. 보통 오픈 시간은 오전 10시인데, 한정판으로 구매 또는 시음할 수 있는 이벤트가 있어서 오픈런을 하는 사람들이 많다. 보통 이런 행사는 두세 시간 전에 와도 줄이 길어서 오전 10시에 입장이 어렵다는 것을 알기 때문에 12시 조금 넘어서 행사장에 도착했다. 입장권을 제시하고, 빠르게 들어갈 수 있었다.

스코틀랜드 전통 백파이프 연주.

목걸이가 달린 시음 테이스팅 잔을 받고 행사장에 들어갔다. 여태까지 보았던 일본 지역 위스키 페스티벌 중에서 가장 큰 규모로 인파도 대단했다. 나중에 들은 이야기로는, 2천 명에 가까운 사람들이 행사에 참여했다고 한다. 위스키 페스티벌은 일본 전역의 위스키 증류소, 수입사, 유명 바 등이 참여하는 행사로 다양한 제품을 소개하고 시음할 수 있는 부스가 운영된다. 오픈 세미나와 마스터 클래스, 위스키 보틀 드로우 등 다양한 프로그램이 마련되어 애호가들에게 풍성한 경험을 제공한다.

입구 좌측에는 타탄체크로 된 테이블 위에 북쪽여우, 부엉이, 토끼, 에조다람쥐 등 홋카이도 지역의 야생 동물이 그려진 라벨의 위스키가 줄지어 진열되어 있었다. 'The Wild Animals from Ezo'라는 시리즈로 홋카이도 위스키 페스티벌을 위해 출시한 위스키였다. '에조'는 주로 홋카이도 및 그 주변 지역을 지칭하는데, 이 지역에 살았던 아이누 족을 가리키기도 한다.

라벨의 이미지가 예사롭지 않아서 자세히 살펴보니, 사진작가 이노우에 히로키井上浩輝의 사진이었다. 삿포로에서 태어난 사진작가로, 홋카이도의 풍경과 야생 동물을 주제로 한 작품으로 유명하다. 2016년에는 내셔널 지오그래픽의 'Travel Photographer of the Year 2016' 자연 부문에서 일본인 최초로 1위를 수상한 바 있다. 사진 에세이『북국에서 온 편지: 북쪽여우가 가르쳐준 것』과 사진집『Follow me: 겨울의 여우』 등을 출간했다. 이쯤 되면 이 위스키 페스티벌의 기획이 대단하지 않은가?

Hidden Event

올해 이 행사를 위해 기획된 위스키는 아드모어 증류소의 11년 숙성 원액(싱글 캐스크이자 가수하지 않은 캐스크 스트렝스로 54도다)으로 라벨에는 에조다람쥐가 그려져 있다. 사전 예매 시 신청한 사람들 중에 드로우를 통해 추첨하는 이벤트가 오후 3시경에 있다고 했다. 너무 매력적인 기회인데, 티켓을 양도받은 나로서는 응모하기 어려운 이벤트라 아쉬움이 컸다.

1번 부스부터 순차적으로 둘러보았다. 1번은 홋카이도의 자랑인 닛카 위스키였다. 가장 큰 부스에 직원 다섯 명이 분주하게 오가며 요이치, 미야기쿄, 다케쓰루 등의 위스키를 시음할 수 있도록 준비해주었다. 블랙 닛카로 만든 하이볼 머신도 보이기에 한 잔 청했다. 시원하게 목을 축이면서 행사를 즐길 수 있겠다.

2번 부스는 요즘 각광받고 있는 카노스케 증류소였다. 2018년부터 가고시마 현에서 증류를 시작해 위스키를 생산하고 있는 곳이다. 모회사인 고마사양조小正醸造는 1883년에 설립된 전통 있는 업체로, 특히 오크 통 숙성 소주인 '멜로 코즈루Mellowed Kozuru'로 유명하다. 매년 한정판 위스키를 출시하는데, 오랜 세월 술을 만들어온 회사답게 좋은 품질의 위스키를 만드는 믿음직스러운 곳이다.

위스키 페스티벌이 열릴 때마다 위스키 시음을 다양하게 준비하는 치치부 증류소秩父蒸溜所도 보

▲ 1번 부스. 홋카이도의 닛카 위스키.

▼ 치치부 증류소 부스.

였다. 역시나 애호가들의 사랑을 받는 곳답게 줄도 길었다. 기존 코어 레인지 여섯 종의 위스키에 특별한 10년, 12년 싱글 캐스크 샘플 두 종이 더 있었다. 증류소의 오크 통에는 관리를 위해 번호를 매기는데 1068번, 2065번의 캐스크 위스키였다. 위스키 애호가들을 배려한 이런 준비 때문에 가장 긴 줄을 자랑하는 곳이 바로 치치부 증류소다.

그런데 이번 페스티벌에서는 6번 부스인 앗케시 증류소의 줄이 가장 길었다. 낫카나 치치부와는 비교가 안 될 정도였다. 펜데믹을 거치면서 앗케시 위스키가 일본에서 인기가 높아졌다는 이야기를 들었지만, 이 정도일 줄은 몰랐다. 무대 앞에서는 닛카 위스키 90주년을 앞두고 시니어 블렌더인 오자키 히로미의 특별한 오픈 세미나가 열리고 있는데도, 사람들은 동요하지 않고 묵묵히 앗케시 부스 앞을 지켰다.

드디어 올해의 위스키 드로우를 발표하는 오후 3시가 다가왔다. 시작하기 5분 전에 스코틀랜드 전통 의상을 입은 연주자들의 백파이프 공연이 시작되었다. 네 명의 연주자가 수많은 군중의 시선에도 아랑곳하지 않고 집중해서 연주하는 모습이 인상적이었다. 이어서 큰 화면에 당첨된 사람들의 번호가 소개되었다. 여분이 생기면 추가 드로우를 한 시간 뒤에 한다고 했다. 나와는 관계없는 일이라고 생각하니 발표에도 큰 관심이 가지 않았다.

잠시 지켜보다가 평소에는 만나보기 어려운 증류소 부스로 발길을 옮겼다. 24번 부스는 홋카이도 샤코탄 진이었다. 부스에서는 시음은 물론

이고, 진을 완성하는 주니퍼 베리, 다양한 허브와 향신료 샘플의 향기를 직접 맡아볼 수 있도록 준비해두었다. 샤코탄 진은 현존하는 일본 진 중에서 가장 가격이 높다. 샤코탄 반도의 바다는 홋카이도에서 가장 맑고 푸른 바다로 유명해서 '샤코탄 블루'라고 불린다. 샤코탄 반도의 해안 절벽과 언덕, 습지에서는 홋카이도의 고유종을 포함한 다양한 야생 식물이 자라는데, 그중 가장 유명한 것이 에조칸조(노란색 원추리꽃의 일종)이다. 여름철(6~8월)에 샤코탄 반도의 해안 절벽과 초원에서 활짝 피는데, 이 식물이 피어 있는 해안 풍경을 '샤코탄 블루 & 옐로'라고 부르며, 샤코탄 특유의 여름 풍경을 연출한다. 동일한 시기 바다에서는 성게알이 나온다. 샤코탄은 일본에서도 유명한 성게알 생산지이므로, 성게알을 좋아한다면 이 시기에 방문해보기를 추천한다.

샤코탄 진은 바로 이 '샤코탄 블루 & 옐로'를 느껴볼 수 있는 술이다. 나는 야생의 자연이 아름다운 곳에서 생산된 진을 좋아한다. 그곳에서만 피어나는 베리와 허브들은 향기로움의 차원이 다르기 때문이다. 몇 해 전 핀란드 헬싱키에서 진을 맛보며 새로운 차원이 열리는 경험을 했는데, 샤코탄 진을 마시며 다시 또 그런 경험을 했다. 특히 '부케'라는 이름의 진은 이름처럼 입 안에서 꽃향기가 흐드러지게 피어났다. 보틀 숍에서 종종 만날 수 있으니, 진을 좋아한다면 꼭 구매해

▲ 앗케시 증류소 부스.

▼ 샤코탄 진 부스.

보길 추천한다. 이렇게 향그러운 진은 탄산수나 토닉워터만 있어도 나를 전문 바텐더 못지않게 만들어준다.

홋카이도 부스를 거의 둘러보고 나니, 여분이 생겼다며 드로우 추가 응모를 받겠다는 방송이 나왔다. 두근거리는 마음으로 화면에 띄운 QR코드를 스캔해 응모했다. 발표는 서울로 돌아가는 다음 날이었다. 당첨되더라도 바로 보틀을 픽업하기는 쉽지 않을 것 같지만 실낱같은 행운을 빌었다. '설마 내게도 행운이 오려나?'

한 주가 지나고, 서울에 도착해서 업무 메일을 확인하는데 일본어로 된 제목이 눈에 띄었다. 클릭했다. 어머나! 당첨되었다. 결제 후 일본 내 배송 주소를 적으면, 그 주에 도착한다는 이야기가 함께 안내되어 있었다. 마침 다음 달 도쿄를 방문할 일정이 있어서 혹시 일정에 맞춰 도쿄로 배송해줄 수 있는지를 문의했다. 곧 가능하다는 답변이 왔다. 그렇게 홋카이도 위스키 페스티벌 한정판 보틀이 내게로 왔다. 아직 열지 않고 보관하고 있다.

홋카이도 위스키 페스티벌에서 일본의 유명한 평론가 쓰치야 마모루를 우연히 만나 『Japanese Whisky Year Book 2023』에 사인을 받았다.

Hidden Shop

이곳에서만 살 수 있는
한정판 위스키

리큐어 마운틴
Liquor Mountain

6 Chome-417-2
PREMIUM3.6ビル 1F,
3 Jodori, Asahikawa,
Hokkaido

리큐어 마운틴은 1976년 교토에서 처음 시작해 현재 일본 전역에 약 150개 이상의 오프라인 매장을 운영하고 있다. 소매와 도매, 온라인으로도 판매한다. 일본 사케, 소주, 위스키뿐만 아니라, 수입 와인, 위스키, 브랜디, 진, 럼, 데킬라 등 다양한 주류 라인업을 갖추고 있다. 맥주, 저알코올 음료(하이볼), 리큐르 및 칵테일 베이스 재료도 판매한다.

매장과 지역별로 다르긴 한데, 일부 제품은 테이스팅도 가능하다. 매장 직원이 적극적으로 페어링을 조언하기도 하고, 계절 한정 시음회가 열리기도 한다. PB 상품을 출시하거나 직수입해서 가성비 있는 제품을 만날 수 있다는 것이 가장 반가운 점이다. 대부분의 매장이 도심의 유흥가 밀집 지역에 위치하고 야간 운영을 하기 때문에 저녁 식사 후에 산책 삼아 둘러보기 좋다.

나는 근처 징기스칸 집에 웨이팅을 걸어두고, 아사히카와에 위치한 리큐어 마운틴 매장을 방문했다. 스코틀랜드 하일랜드파크와 글렌파클라스 증류소의 리큐어 마운틴 한정판 위스키가 보였다. 찬찬히 둘러보다 한국에서 보기 어려운 데메라라 럼 Demerara Rum 싱글 캐스크를 발견해서 구매했다. 'for Ginza 777'이라고 적혀 있었는데, 이는 도쿄에 있는 플래그십 스토어의 이름으로 리큐어 마운틴의 직매입 제품이었다. 홋카이도에서는 삿포로, 아사히카와, 하코다테에 매장이 있다.

Coffee

호텔 조식 대신
여기 커피

바르비종
珈琲館ばるびぞんBarbizon

12 Chome Minami 4 Jonishi,
Chuo Ward, Sapporo,
Hokkaido

바르비종에서 모닝 커피를 즐기며 업무를 보는 할아버지.

호텔 조식을 신청하지 않았다면 이곳을 추천하고 싶다. 아침 8시에 여는 이 카페는 노부부가 운영하는 아담하고 조용한 킷사텐이다. 노포 특유의 감성은 물른이고 커피와 음식 모두 맛있다. 무심하게 내린 듯하지만 정말 맛있는 커피에 에그 샌드위치는 두 번 주문할 정도로 끝내준다. 나폴리탄 스파게티마저도 맛있다. 주민들에게도 관광객에게도 좋은 커피 집이다. 삿포로 주민들의 오전 루틴을 살며시 관찰하는 재미도 있다.

바르비종 에그 샌드위치 / 나폴리탄.

시장에서 즐기는
커피

잇포 잇포
ippo ippo

22 Chome-1-26
Kita 11 Jonishi, Chuo Ward,
Sapporo, Hokkaido

잇포잇포에서 원두를 고르는 바리스타.

삿포로에 위치한 커피 스탠드로, 삿포로 중앙 도매시장 외곽에 위치하고 있다. 흡사 서울 남영동의 남영 아케이드를 떠올리게 하는 건물의 골목으로 들어가면 카페가 보인다. 가게 이름은 잇포잇포一步一步, 직역하면 '한 걸음 한 걸음'이라는 의미로 조금씩 천천히 나아간다는 의미를 담고 있다. 직접 손으로 천천히 내려주는 커피가 연상되는 이름이다. 자세히 로고를 들여다보면, 커피 원두를 발자국처럼 표시한 것도 재미있다.

이 카페는 매일 오전 7시 30분부터 오후 3시까지 운영된다. 미쉐린 셰프가 운영하는 라멘집, 토쿠이치 바로 옆에 있기 때문에 라멘을 먹고 입가심으로 커피 한 잔 하기에 딱 좋다. 모든 커피 메뉴가 좋은데, 특히 카페 라테가 인상적이다.

잇포잇포 라테.

챔피언이 만드는
스페셜티 커피

마루미 커피

Marumi Coffee 오도리코엔 본점

丸美珈琲店 大通公園本店

1 Chome-2 松崎ビルヂング 1F
Minami 1 Jonishi,
Chuo Ward, Sapporo,
Hokkaido

다양한 커피를 테이스팅해볼 수 있다.

갑자기 쏟아지는 눈을 피해 마루미 커피로 들어왔다. 삿포로 시에 위치한 스페셜티 커피 전문점으로, 오너인 오카다 마사히로 岡田章宏 씨가 2005년부터 운영하고 있다. 오카다 씨는 2018년 '일본 커피 로스팅 챔피언십'에서 우승했고, 같은 해 '세계 커피 로스팅 챔피언십'에서도 4위에 오르는 등 국제적인 무대에서도 실력을 인정받은 바리스타다. 마루미 커피는 삿포로는 물론이고 일본 전역의 커피 애호가들에게 사랑받고 있다.

오카다 씨는 커피에 대한 뜨거운 열정과 전문적인 지식을 바탕으로, 고객들이 최상의 커피를 경험할 수 있도록 최선을 다한다. 커피의 품질을 최우선으로 생각하며, 직접 원두를 선별하고 로스팅해 신선하고 풍부한 맛을 추구한다. 매장에 방문하면, 어느 지역의 원두인지, 언제 로스팅했는지 원두에 대한 정보를 투명하게 공개한다. 또, 고객과의 소통을 중요시해 개개인의 취향에 맞는 커피를 추천한다.

자리에서 마실 커피를 주문하고, 추가로 원두를 구매하려고 기웃거렸더니 여러 가지 원두로 내린 커피를 테이스팅할 수 있도록 도와주었다. 일곱 가지의 커피를 테이스팅한 뒤 마루미 블렌드와 싱글 오리진 커피 세 종류를 구매했다. 커피 원두는 가족 선물로도 좋지만, 트렁크 짐을 쌀 때 술병의 완충제로도 쓸 수 있기에, 마셔 보고 좋으면 망설임 없이 구매하는 편이다.

여름에만 여는 카페

와일더니스

Wilderness
@wildernesscoffeeroasters

13 Hamanakacho, Yoichi,
Yoichi District, Hokkaido

홋카이도에는 여름에만 여는 카페, 겨울에만 여는 바가 있다. 요이치 증류소에서 걸어갈 수 있는 거리에 있는 와일더니스는 여름에만 만날 수 있는 카페다. 인스타그램 계정에서 휴지기를 안내한다.

와일더니스는 다섯 평 남짓한 작은 공간이다. 하지만 출입구를 포함해 모든 벽면에 큰 창을 내 요이치 앞바다를 끌어들이므로 좁은 느낌이 전혀 없다. 카페에 막 도착했을 때 사장님의 두 따님은 소꿉놀이 중이었다. 우리를 본 아이들은 눈으로 미소를 발사하고는 까르르 소리 내어 웃었다. 귀여운 일본 여자아이 '미라이짱'을 찍은 사진작가 가와시마 고도리의 사진첩 속 한 페이지로 들어온 것 같았다.

야외 테이블 좌석에 자리를 잡았다. 요이치 바다를 온몸으로 감상하기에 좋아 보였다. 여름이지만 바닷바람이 제법 쌀쌀하다. 주문한 따뜻한 아메리카노와 라테가 나왔다. 라테를 맛보니 고소하고 따뜻하다. 앞서 마신 요이치 증류소의 위스키 해장에도 도움이 되었다.

챙겨 온 시가에 불을 붙였다. 여기 카페에서 태우려고 아껴둔 것이다. 다비도프 시그니처 토로는 사이즈가 꽤 크다. 오랜 시간 여유를 가지고 이곳을 마음에 담고 싶었다. 50분 정도 느긋하게 시가를 태우면서 커피를 천천히 마셨다. 오늘 돌아보았던 곳을 머릿속에 복기해본다. 어느 여름에 다시 이곳을 만날 수 있을까?

미술관에서 만나는
스페셜티 커피

아리시마 기념관의
다카노 커피숍

有島記念館 / 高野珈琲店

Arishima 57, Niseko,
Abuta District, Hokkaido

3월의 다카노 커피숍.

니세코는 일본 내에서도 고급 스키장과 리조트로 유명하다. 그래서 겨울은 늘 예약으로 가득 차고 활기를 띤다. 여름의 니세코에는 이와 다른 시원한 맛이 있다. 우선 대지가 넓고, 어디를 가도 길과 건물이 커서 시원시원하다. 또 겨울과 달리 여름은 비수기라서 인파로 붐빌 걱정도 없다.

오늘은 한산한 동네에서 조용히 시간을 보내고, 서울에서 연락 온 업무를 처리하기 위해 카페에 가기로 했다. 아리시마 기념관은 다양한 미술 전시가 열리는데, 마침 그 안에 지역 명물인 다카노 커피숍이 있다는 정보를 얻었다. 문화 충전도 하고, 업무도 볼 겸 아리시마 기념관으로 향했다.

아리시마 기념관은 다이쇼 시대의 작가였던 아리시마 다케오 有島武郎(1878~1923년)가 소유한 농장과 지역, 그의 작품을 감상할 수 있는 공간이다.『카인의 후예』,『태어나려는 고뇌』등의 작품으로 알려진 작가다. 아리시마는 귀족 출신이지만, 사회적 특권을 거부하고 농민과 노동자의 삶에 깊은 관심을 가졌다. 개인의 자유와 사회적 책임의 충돌에 관한 이야기를 주로 다루며, 인간의 욕망과 도덕성에 대해 고민하고 자신의 사상을 실천하려고 했다. 1923년『후진코론 婦人公論』의 기자이자 유부녀였던 하타노 아키코와 동반 자살했다. 그의 이야기가 더 궁금하다면 다음의 책을 참고하면 좋겠다.

◀ 요테이 산이 보이는 3월의 아리시마 기념관과 카페.
▶ 아리시마 기념관 현판.

장편소설 『어떤 여자』(1919년)
개인의 자유와 사랑을 갈망하는 여성의 삶을 그린 작품으로, 일본 여성 문학의 중요한 전환점이 되는 소설이다.

평론집 『아낌없이 사랑은 빼앗는다』(1920년)
사랑과 소유의 개념을 깊이 있게 탐구하며, 인간의 본숟과 감정의 복잡함을 보여준다.

다카노 커피숍

아리시마 다케오 기념관 안에 있는 북 카페로 문학과 자연, 커피가 어우러진 아름다운 공간이다. 니세코에서 인기 있는 다카노 커피숍과 협력해 운영하는 카페로, 이곳에서 아리시마 다케오의 작품을 비롯해 다양한 책과 잡지를 편안하게 읽을 수 있다.

전시를 가볍게 둘러보고, 카페로 들어와 자리를 잡았다. 업무 처리를 위해 노트북을 여는데, 아름다운 풍경이 먼저 눈에 들어왔다. 개방감을 느낄 수 있는 큰 통창 너머로 요테이 산과 니세코 산맥의 웅장하고 시원한 풍경이 펼쳐졌다. 아름다운 경치를 감상하며 커피를 마실 수 있다는 것만으로도 높은 점수를 주고 싶다.

찬찬히 공간을 들여다보니 허투루 놓인 것이 하나도 없다. 목공예가 다카하시 산타로高橋三太郎가 제작한 테이블과 의자가 루이스폴센 조명과 조화를 이룬다. 편안한 가구에 앉아서 천천히 커피를 마시며 업무를 마쳤다. 북유럽 특유의 빛이 많이 들어오는 인테리어를 기본으로 일본의 단정

▲ 다카노 커피.

▶ 다카하시 산타로의 테이블과 의자.

▶▶8월의 다카노 커피숍.

한 감성이 만난 곳에서 시간을 보내는 동안 햇빛에 정화되는 듯한 기분을 느꼈다.

카페에서는 아리시마 다케오의 작품에서 영감을 받은 오리지널 블렌드 커피와 모카 소프트 크림 등을 제공한다. 커피 맛이 좋아서 원두를 두 팩 구매했다. 한 팩은 우리 가족을 위한 선물로, 또 한 팩은 작업실에 두고 오늘을 기념하며 마시려고 한다. 문학과 자연, 커피, 가구를 사랑하는 사람들에게 제격인 공간이다.

유빙을 감상하고
마시는 커피

하제야 커피
はぜや珈琲

3 Chome-9-7 Komabakita,
Abashiri, Hokkaido

주문한 마스터스 블렌드.

하제야 커피는 홋카이도 아바시리에 위치한 자가 로스팅 커피 전문점이다. 2016년에 문을 연 이곳은 신선한 커피 원두를 판매하고, 카페 공간에서는 직접 내린 커피와 디저트를 제공한다. 겨울철에 방문한다면, 유빙을 보고 와서 따뜻한 커피를 마시며 몸을 녹이기에 딱 좋다. 대개 현지인들이 오는 곳이다.

매장은 창가 좌석과 2인용 테이블로 아담하게 구성되어 있다. 하지만, 창밖으로 아름다운 정원이 펼쳐져 편안한 분위기에서 커피를 즐길 수 있다. 커피와 디저트의 조화로운 맛을 경험하며, 홋카이도의 자연을 느낄 수 있는 특별한 장소이다.

하제야 커피의 로스팅 기계 / 하제야 커피의 다양한 원두.

흰수염 폭포와
몸을 녹이는 커피

자가배전커피 기타코보
自家焙煎珈琲 北工房

3 Chome-5-31 Sakaemachi,
Biei, Kamikawa District,
Hokkaido

기타코보의 실내.

홋카이도의 대표적인 겨울 절경 중 하나인 흰수염(시라히게) 폭포는 떨어지는 물줄기의 모습이 마치 하얀 수염 같다고 해서 붙여진 이름이다. 사계절 내내 아름답지만, 특히 겨울철에는 파란 물빛과 흰 눈의 대비로 환상적인 풍경을 선사한다. 일반적인 낙수형 폭포와 달리 폭도가 암벽 여러 지점에서 동시에 흘러나와서 더욱 독특하다. 폭포 아래 흐르는 비에이 강美瑛川의 물은 코발트블루 색을 띠는데, 인근 지하수에 포함된 알루미늄 성분이 태양광과 만나 산란되면서 생기는 현상이다. 이 때문에 겨울철에는 소다 맛 아이스크림이 흘러내리는 듯한 모습이 된다. 인근의 청의호수 靑い池 역시 같은 원리로 몽환적인 푸른빛을 띤다. 시로가네 온천 마을에 위치한 다리에서 폭포 전체를 볼 수 있다. 날씨가 변화무쌍하니 따뜻하게 입고 가는 것이 좋다.

아름다운 폭포를 감상하고 몸을 녹일 겸 근처에 있는 로스터리 카페로 이동했다. 1989년에 시작된 기타코보는 유럽풍의 외관과 나무 인테리어가 조화를 이룬 아늑한 공간으로, 바 테이블에서 커피를 즐기며 창밖의 풍경을 감상할 수 있다. 커피 애호가뿐만 아니라 사진 촬영을 즐기는 이들에게도 인기 있는 장소라고 한다. 그래서인지 카페는 만석이었다.

커피를 테이크아웃해 차에서 마시며 몸을 녹이기로 했다. 오리지널 블렌드, 마일드 블렌드, 비터 블렌드 등 여러 종류의 블렌드 커피가 주를 이루었다. 그중 눈에 띄는 블렌

드는 언덕의 향기丘のかおり(오카노카오리)다. 비에이산 대두大豆를 커피 원두와 함께 로스팅했다고 해서 주문했다. 커피가 손에 쥐어지는 순간, 언 손이 따뜻해지고 마음도 녹는다. 뚜껑을 열고 살짝 입을 대본다. 이름처럼 커피 향에서 완만한 곡선이 떠오른다. 구수하고 부드러운 향이 코끝을 스친다. 눈 내린 마을을 배경 삼아 다시 길을 나선다.

▲ 기타코보 현관.
▼ 기타코보 커피.

◀ 비에이 강.

▶ 흰수염 폭포.

★ Bar & Restaurant

삿포로에서 한 군데의 바를 갈 시간밖에 없다면

더 바 나노 굴드
the bar nano gould

예전부터 명성을 전해 듣고 칵테일을 맛보기 위해 삿포로에서 세 번이나 방문을 시도했던 곳이다. 네 번째 방문에 딱 두 자리가 있었다. 나노 굴드의 칵테일을 드디어 맛볼 수 있다는 사실만으로도 들떴다. 어두운 바 안에는 하얀색 재킷을 입은 마스터가 조용히 손님을 맞이하고 있었다.

오너 바텐더 도미타 켄이치富田健一는 삿포로에서 가장 오래된 바라고 알려진 '바 야마자키Bar Yamazaki' 출신이다. 2007년 나노 펨토Nano Femto를 시작으로, 2013년에는 이곳 나노 굴드를 오픈하고, 2022년에 파바네Pavane를 오픈해 현재 삿포로 시내에만 세 곳의 바를 운영하는 나노 그룹의 사장이기도 하다.

일본어 메뉴판과 영어 메뉴판이 모두 있지만, 일본어 메뉴판을 참고할 것을 추천한다. 영어 메뉴판은 베스트셀러 메뉴나 관광객에게 추천하는 메뉴로 구성되어 있지만, 일본어 메뉴판에서는 훨씬 다양한 셀렉션을 만날 수 있다. 우리에게는 파파고가 있으니 일본어 메뉴판을 두려워하지 말자. 나노 굴드는 클래식 칵테일을 현대적으로 재해석한 독창적인 칵테일 메뉴를 주로 선보이는데, 위스키와 진 등 다양한 주류도 갖추고 있다. 특히 홋카이도산 블루치즈를 활용한 칵테일 같은 독특한 메뉴가 눈길을 끈다.

첫 잔으로 위스키 하이볼을 청했다. 하이볼은 얼핏 간단해 보이지만, 칵테일의 기준점을 잡을 수 있는 메뉴이다.

"어떤 위스키가 베이스인가요?"

"글렌리벳이에요. 다른 재료들도 함께 보여드릴게요."

그는 위스키 하이볼 재료들을 바 테이블 위에 놓으며 설명을 이어갔다.

"위스키는 차게 냉장고에서 보관합니다."

성에가 낀 글렌리벳 12년 보틀, 그리고 단정하게 준비된 스프레이와 레몬 제스트. 스프레이 안에는 요이치 증류소의 스모키앤피트 위스키가 담겨 있는데, 하이볼을 완성하고 마지막에 분사해 훈연 향의 터치를 입히기 위한 것이라고 했다. 마스터의 설명만큼이나 정석과도 같은 하이볼이었다.

다음 잔은 그릴드 바나나 불바디에Grillec Banana Boulevardier를 주문했다. 구운 바나나를 라이 위스키에 넣고 인퓨징해 만든 나노 굴드의 창작 칵테일이다. 바나나의 부드러운 단맛과 스파이시한 위스키가 만나 서로 감싸안아준다. 함께한 친구는 라모스 진피즈를 주문했는데, 한 모금 마신 뒤 흡족한 표정을 지었다.

나도 굴드는 세련되고 아늑한 분위기로, 흡연도 가능해 편안한 시간을 보낼 수 있었다. 올드 보틀 위스키도 제법 보이고, 홋카이도 식재료로 만든 칵테일과 간단한 안주까지 즐길 수 있다. 삿포로에서 보내는 시간이 짧다면 이곳에서 모든 것을 한꺼번에 즐기기 좋을 듯했다. 다음 바를 사장님께 추천받고 자리에서 일어났다.

4 Chome J Box Building 4F
Minami 3 Jonishi, Chuo
Ward, Sapporo, Hokkaido

◀ 라모스 진피즈.
▶ 섬세함이 엿보이는 나노 굴드의 위스키 하이볼 재료.

칵테일 메이킹 중인 나노 굴드 마스터.

한 달에 엿새만 오픈하는 바

바 파바네
bar Pavane

나노 굴드의 자매 바인 파바네에 왔다. 두 번을 헛걸음 하고, 세 번째에 바에 들어갈 수 있었다. 알고 보니, 파바네는 매일 오픈하는 것이 아니라 한 달에 고작 여섯 번만 문을 열고 있었다. 매월 오픈 일정은 인스타그램 계정에서 소개하고 있다. 재미있는 건, 한 달에 여섯 번 오픈하는데도 매월 메뉴를 변경하고 있다는 점이다.

이곳은 디테일의 한 끗이 다른 곳이다. 찻물로 향기를 더한 물수건부터 섬세함이 느껴진다. 홋카이도산 식재료와 매월 테마를 가지고 만드는 칵테일의 완성도와 깊이도 남다르다. 맛과 접객 모두 나노 굴드보다 좋았다. 친구들에게만 알려주고 싶은 곳이다.

5Chome F45 Building 2F
Minami 4 Jonishi, Chuo
Ward, Sapporo, Hokkaido
@barpavane.sapporo

▲ 칵테일 메이킹 중인
 파바네 바텐더.
▶ 파바네 칵테일 서브.

홋카이도를 한 잔에 담은 칵테일

더 휴브리스
THE HUBRIS

나노 굴드 마스터의 추천으로 방문한 휴브리스는 스스키노에서도 환락가의 극치를 느낄 수 있는 건물에 위치해 있다. 9층에 있는 바는 사방이 스낵바와 가라오케로 둘러싸여 있다. 언니들과 아저씨들의 노랫소리를 지나, 바의 문을 열면 전혀 다른 공간이 펼쳐진다.

사사분면으로 시원하게 뻗은 직선 사이로 시그니처 칵테일의 특성을 그려 넣은 메뉴판이 인상적이다. 홋카이도를 잘 느낄 수 있을 듯한 메뉴로 '소바 티 올드 패션드'와 '홋카이도 에덴 플라워'를 한 잔씩 주문했다. 이미 1차로 나노 굴드를 방문했던 터라 막잔을 생각하고 방문한 곳이었다. 그런데 제대로 임자를 만났다.

삿포로에서 가장 밸런스가 좋은 칵테일을 바로 이곳에서 만난 것! 휴브리스의 오너 바텐더는 오타루 출신으로 데킬라 마스터이다. 그가 개인적으로 가장 좋아하는 술이 메즈칼이라기에, 메즈칼 네그로니를 한 잔 더 주문했다. 메즈칼을 캄파리로 인퓨징해, 안티카 포뮬라와 체리 히어링 리큐르를 살짝 넣어 밸런스를 잡았다는데, 기가 막힌 한 잔이었다. 다음 번에는 여기에서부터 바 호핑을 시작하기로 정했다.

6Chome-9-3 New Keiwa Building 9F, Minami 5 Jonishi, Chuo Ward, Sapporo, Hokkaido

▲ 칵테일 메이킹 중인
휴브리스의 오너 바텐더.

▶ 사사분면으로 구성된
휴브리스의 메뉴판.

▲ 메즈칼 네그로니 / 메즈칼 네그로니 메이킹.

▼ 홋카이도 에덴 플라워 칵테일 / 홋카이도 에덴 플라워 칵테일 메이킹.

삿포로의 몰트 전문 바

바 브로라
Bar Brora

바 커크월
Bar Kirkwall

도시마다 몰트 위스키 팬들을 위한 바가 있다. 삿포로 역시 스스키노에 좋은 몰트 바들이 있다. 그중에서 가장 많이 알려진 곳은 '보우 바$^{Bow Bar}$'이다. 엄청난 셀렉션의 올드 보틀이 많아서 일찍이 몰트 팬들에게 잘 알려진 곳이다. 그런데 아무래도 유명세가 있다 보니 가격이 착하지 않은 것도 사실이다.

그래서 최근 술꾼들이 이곳을 대체해 찾는 곳이 근처에 있는 '브로라'와 '커크월'이다. '바 보타'의 마스터 역시 삿포로에서는 이 두 곳을 들러보라고 귀띔해주었다. 특히 브로라를 내가 좋아할 것 같다며, 본인 추천으로 왔다고 이야기해보라고 했다.

예약 없이 간 브로라는 이미 만석이었지만, 자리에 앉은 한 팀이 자리를 좁혀 앉아도 괜찮다면 합석해도 좋다고 제안했다.

"물론이죠. 고맙습니다. 삿포로 출신이세요?"

"저희는 요코하마에서 왔어요. 최근에 위스키에 관심이 많아져서 휴가차 온 김에 방문했어요."

자리를 잡고 바를 둘러보니, 아기자기한 위스키 소품과 사진들이 눈길을 끌었다. 포 로지스$^{Four Roses}$의 로고가 새겨진 밀크 글라스 조명, 2017년에 증류한 0060번 앗케시 증류소 캐스크 사진이 눈에 띄었다.

"마스터, 브로라의 기념 보틀 위스키를 맛보고 싶어요."

"20년 기념 보틀 두 가지가 있는데, 같이 비교 시음해보겠어요?"

"오, 너무 좋아요!"

동석한 청년들의 눈이 커졌다. 이런 위스키가 있는지 몰랐다는 눈치였다. 다음 술로 본인들도 한 잔 청해야겠다고 했다.

마스터는 20년이나 이 몰트 바를 운영해온 만큼 그의 성실함에 박수를 보내고 싶다. 또 지역의 바가 이처럼 오랜 세월을 버텨낼 정도로 일본의 위스키 팬층이 두텁다는 점도 부러웠다. 20년 기념 위스키는 인치고어Inchgower 22년, 부나하벤Bunnahabhain 29년 숙성 위스키였다. 고양이를 사랑하는 오너의 애정이 보틀의 라벨 디자인에도 반영되어 있다.

이어서 앗케시도 한 잔 청했다. 마스터가 내준 것은 논 피티드 앗케시로 2019년에 증류해, 3년 숙성한 1526번 배럴이었다. 홋카이도에 위치한 앗케시 증류소의 위스키는 일본 내에서도 구하기가 어렵다. 브로라에서 앗케시 증류소의 다양한 위스키를 만날 수 있는 것은 서로가 좋은 관계를 유지하고 있기 때문일 것이다.

브로라 바와 가까운 곳에 커크월 바가 있다. 브로라 바

◀ 브로라 바 20주년 기념 위스키.
▶ 브로라 바의 다양한 위스키.
▼ 브로라 바의 십자수 코스터.

가 만석이면, 근처에 가서 자리를 살펴보기에 좋다. 이곳 마스터는 영어가 유창한 편이라 일본어가 부족해도 편히 즐길 수 있다.

바 이름 '커크월'은 스코틀랜드 북쪽에 위치한 오크니 제도의 수도에서 따왔다. 오크니에서 가장 유명한 증류소는 하일랜드 파크 Highland Park로, 커크월 바 역시 하일랜드 파크 증류소의 위스키를 비롯해 다양한 스카치 위스키를 갖추고 있다.

Bar Brora
3 Chome Minami 5 Jonishi,
Chuo Ward, Sapporo,
Hokkaido

Malt Bar Kirkwall
3 Chome 5-3 Building 4F,
Minami 5 Jonishi,
Chuo Ward, Sapporo,
Hokkaido

연륜 있는 소믈리에를
만날 수 있는 곳

르 장티옴
Le Gentilhomme

느지막이 일어나서 동네 구경을 하고 점심을 먹으려고 나왔다. 오늘은 함께 온 친구와 함께 특별한 계획 없이 발걸음이 닿는 대로 움직여보기로 했다. 걷다 보니 도시의 풍경이 눈에 들어온다. 조금 일찍 점심을 먹으러 나온 회사원들, 이제 가게를 오픈하는 사장님들…. 건물 외부에 있는 작은 화단에 물을 주고 정갈하게 가꾸는 곳에 시선이 멈췄다.

"미용실인가?"

"레스토랑인가 봐. 르 장티옴?"

"어머! 여기 유명한 프렌치 레스토랑이네. 시간이 아직 이른데 워크인이 가능한지 물어볼까?"

르 장티옴은 1988년부터 30년 이상 운영되어온 프렌치 레스토랑이다. 프랑스에서 수련한 오카와 가사토 셰프가 홋카이도의 신선한 식재료로 정통 프랑스 요리를 선보인다. 미식 전문 기자, 파워블로거가 오랜 세월 단골로 삼는 곳이기도 하다. 우연히 걷다가 이곳에 오다니! 서버가 마침 자리가 있다며 우리를 창가 자리로 안내했다. 런치 코스의 가격도 3천 엔부터라서 합리적이었다. 우리는 호기롭게 7천 엔 코스를 선택했다.

"여기 와인 리스트가 좋다는데, 와인 한 잔 어때?"

"우선 샴으로 시작하자!"

작은 스탠딩 메뉴판에 적힌 멈G.H.MUMM 샴페인이 글라스로 1,600엔이라는 문구가 나를 유혹했다. 주문을 마치자, 나이 지긋한 소믈리에가 다가왔다.

"좋은 선택이에요. 전채 요리와 잘 어울릴 거예요."

소믈리에는 능숙하고 우아한 몸짓으로 글라스에 와인을 따라주었다.

"한국분이신가 봐요. 휴가차 오셨어요?"

"취재차 왔어요. 어제는 요이치 지역의 와이너리를 둘러봤어요."

"오, 그래요? 제가 작년에 카멜 팜 와이너리의 포도 수확철에 일손을 도우러 갔었거든요."

소믈리에의 이야기를 들으면서 버터를 바른 빵을 맛보는데, 고소함부터가 남다르다. 소믈리에는 홋카이도산 밀가루와 우유로 만들었다고 덧붙였다.

이어서 통통한 화이트 아스파라거스에 크림을 곁들인 메뉴가 나왔다.

"어울리는 와인을 추천해주세요."

"기가 막힌 와인이 마침 있어요. 잠시만 기다려주세요."

소믈리에는 와인 라벨을 천천히 보여주며 설명하고는 입구가 큰 잔에 와인을 따라주었다. 프랑스 부르고뉴 지역의 대표적인 생산자인 '부샤르 페르 에 피스Bouchard Père &

Fils'가 만든 와인이었다. 1731년에 설립된 부샤르 페르 에 피스는 부르고뉴 지역에서 가장 오래되고 영향력 있는 와이너리 중 하나라고 한다. 현재 약 130헥타르의 포도밭을 소유하고 있는데, 이 중 일부는 그랑 크뤼와 프리미에 크뤼 포도밭에 속한다고 소개했다. 부르고뉴의 핵심 와인 생산지인 본에 위치한 곳으로, 고도가 높아 상대적으로 서늘한 기후 조건을 갖추고 있으며, 석회암과 점토질 토양 덕분에 미네랄리티가 풍부한 와인이 생산된다. 2018년은 그해 부르고뉴의 따뜻한 기후로 인해 비교적 성숙하고 풍미가 깊은 빈티지로 평가되는데, 지금이 시음 적기라고 했다.

큰 잔에 코를 깊숙이 가져다 댔다. 레몬과 라임의 시트러스와 아카시아, 자스민처럼 흰 꽃의 아로마가 우아한 첫 향을 뿜낸다. 배, 사과, 복숭아 같은 핵과류의 향에 미네랄리티도 느껴진다. 은은한 바닐라와 토스티한 오크 터치에 적당한 산미까지. 클래식한 부르고뉴 샤르도네에서 기대하는 향미를 모두 지녔다. 아스파라거스와 크림 소스가 와인과 만나, 크리미하면서도 상큼하고 개운한 맛을 선사한다. 이어서 나온 크랩 케익과도 잘 어울렸다.

"클래식한 프렌치 요리의 맛을 와인이 두 배로 올려주는데요? 너무 맛있어요!"

"마음에 드셨다니 다행이에요. 그럼 이어서 같은 생산자의 레드를 만나보시는 게 어때요?"

"재미있는 와인 공부가 될 것 같아요!"

"몽텔리는 코트 드 본에 있는 작은 와인 생산 지역인데, 잘 알려진 뫼르소와 볼네 사이에 자리해 있어요."

고개를 끄덕이며 와인 설명을 듣는 우리에게 그는 잔잔한 미소로 화답하며, 잔을 채워주었다.

"피노누아인가봐요!"

"맞아요. 몽텔리는 뛰어난 균형감과 풍부한 향을 지닌 피노누아를 잘 만든답니다."

"특히나 2019년은 따뜻하면서도 건조했던 탓에 과실이 잘 익고 농도가 짙은 특징이 있어요."

설명을 들으면서 햇살에 와인 잔을 비춰보는데, 투명한 루비색에 마음을 빼앗겼다. 체리와 라즈베리, 블랙커런트의 아로마로 시작해, 백후추, 육두구, 흙 내음이 매력적으로 뒤따라온다. 잔잔한 오크 향에 이어 시간이 지나면서 버섯, 삼나무의 복합적인 향미가 퍼졌다. 적당한 산미와 부드러운 타닌까지 더해져, 부르고뉴 피노누아의 우아함을 잘 드러냈다.

그다음으로 나온 메뉴는 버섯 소스를 곁들인 대구 구이였다. 생선과 소스의 부드러움이 와인과 만나서 가득 채워지는 느낌이었다.

"생선 요리에도 섬세한 피노누아가 잘 어울린답니다."

"딱 한 잔만 마시려고 했는데, 이 페어링이 너무 즐거워서 멈출 수가 없어요."

"그럼, 계속 이어가볼까요?"

소믈리에는 새로운 와인을 꺼내 왔다. 브르도 레드였다. 잔에 와인을 따라주며, 스테이크가 나오면 맛보라고 덧붙였다. 새로 채워준 샤토 데귈Château d'Aiguilhe은 중세 시대부터 와인을 생산해온 유서 깊은 와이너리 카스티용 코트 드 보르도Castillon Côtes de Bordeaux AOC에서 생산된 와인이다. 이 지역은 생테밀리옹과 지리적으로 가까워 비슷한 테루아를 공유하며, 주로 메를로를 기본으로 하는 와인을 생산한다.

우리가 마신 빈티지는 2013년으로 메를로 85%, 카베르네 프랑 15%로 블렌딩해 완성한 와인이다. 메를로는 과실 중심의 부드러운 풍미를, 카베르네 프랑은 구조감과 스파이시한 복합성을 채워주어 신선하면서도 우아한 와인으로 탄생했다. 짙은 루비색에 검붉은 과실의 향, 은은한 시나몬, 정향의 스파이스, 흙 내음, 바닐라와 오크 향까지, 긴 여운이 좋다. 부드러운 듯 탄탄한 구조감이 느껴졌다. 스테이크를 한 입 베어 물고, 와인을 한 모금 다시면서 함께 씹었다. 육즙과 와인이 어우러지며 팡팡 터지는데, 행복이 바로 여기에 있었다.

식사가 끝나자 소믈리에는 디저트 카트를 천천히 끌고 다가왔다. 카트 위에는 장미 잎이 올라간 크림 치즈 케익과 바스크 치즈 케익, 과일 크림 타르트, 초코 케익, 파운드 케익, 크림브륄레 등으로 가득했다. 우아하면서도 욕망이 가득 담긴 카트였다.

"조금씩 다 맛보고 싶다면, 욕심일까요?"

"가능하지요. 아이스크림까지 함께 준비해줄게요."

그렇게 작은 조각으로 잘라서 각종 디저트를 한 접시에 가득 담아주었다. 그사이 와인을 모두 마셨다.

"디저트 와인도 추천해주실 수 있나요?"

"재밌는 것들이 많은데, 한번 보실래요?"

그는 디저트 드링크 카트를 끌고 나왔다. 2단 카트에는 셰리, 포트처럼 강화 와인부터 위스키, 브랜디 등 없는 것이 없었다. 그중 눈에 들어온 것은 부르고뉴 와인으로 만든 브랜디였다.

"이건 어떤 맛이에요?"

"도멘 콩트 조르주 드 보귀에Domaine Comte Georges de Vogüé가 생산하는 독특한 브랜디예요. 눈썰미가 좋네요!"

손으로 가리킨 술은 핀 드 부르고뉴Fine de Bourgogne('핀'은 고급 브랜디를 뜻한다)로 부르고뉴 지역의 포도를 사용해 만든 브랜디였다. 피노누아를 증류한 뒤 프렌치 오크 통에서 숙성해 완성한다. 이런 브랜디를 한국에서 만나기는 좀처럼 쉽지 않다. 소믈리에는 목이 긴 리델 글라스에 브랜디를 따라주었다.

잔에 담긴 브랜디는 짙은 호박색을 띠며, 건포도와 자두, 바닐라, 캐러멜, 아몬드의 익숙한 아로마를 보여주었다. 섬세하면서도 강렬한 스파이스와 과실의 풍미가 오랫동안 입 안에 남았다. 요즘 부쩍 브랜디에 관심이 커진 내

◀ 와인을 서브하는 소믈리에.

▼◀ 아스파라거스 요리.

▼▶ 바 카트를 밀고 오는 소믈리에.

게는 좋은 교보재였다.

르 장티옴의 점심 식사는 음식과 페어링의 교본과도 같았다. 최근에 한국은 운영에 손이 많이 가는 프렌치 레스토랑이 계속 줄어들고 있다. 특히 괜찮은 와인 페어링을 함께하려면 1인당 50만 원으로도 쉽지 않을 만큼 가격도 세다. 반면 일본은 어떻게 이렇게 합리적인 가격으로 프렌치 레스토랑을 운영할 수 있을까?

일본은 메이지 유신 이후 서구 문물을 적극적으로 받아들이며 프랑스 요리를 고급 문화로 인식했다. 특히 20세기 중반 이후 프랑스 요리는 일본의 상류층과 미식 문화에서 중요한 부분을 차지하게 된다. 그 무렵 프랑스 유학을 다녀오거나 미쉐린 스타 레스토랑에서 경험을 쌓은 일본 셰프들이 귀국해 일본인의 입맛에 맞춘 프렌치 요리를 선보이기 시작한다.

이들은 일본 요리의 섬세한 기술과 질 좋은 재료에 중점을 두면서, 프랑스 요리와 잘 어우러지도록 레시피를 개발했다. 프랑스 요리의 정통 조리 기법을 지역에서 쉽게 구할 수 있는 신선한 제철 재료와 결합해 일본식 프렌치 요리를 창조했다. 이러한 노력 덕분에 현재 일본의 프렌치 레스토랑은 고급스러운 퀄리티를 유지하면서도 합리적인 가격대를 맞출 수 있었던 것이다.

여기에 수입산 고급 재료 없이도 수준 높은 요리를 만들 수 있다는 점 역시 주목할 만하다. 프렌치 요리의 필수

재료인 버터, 크림, 치즈 등 유제품의 생산도 꾸준히 늘고 있으며, 품질 또한 눈에 띄게 향상되고 있다. 일본산 와인, 소고기(와규) 등도 프렌치 요리의 퀄리티를 높이는 데 기여하고 있다. 그리고 프렌치 요리의 필수 재료 대부분이 바로 이 홋카이도에서 생산된다. 이곳에서 프렌치 요리를 꼭 맛보아야 하는 이유다.

마지막으로 미쉐린 가이드의 영향을 얘기하지 않을 수 없다. 일본은 세계에서 미쉐린 스타 레스토랑이 가장 많은 나라 중 하나로, 그만큼 미식 문화 전반에 미쉐린 가이드가 끼친 영향력이 지대하다. 흥미로운 점은, 미쉐린 가이드가 고급 레스토랑뿐만 아니라 합리적인 가격대의 비스트로 프렌치 레스토랑도 추천한다는 사실이다. 덕분에 일본에서는 품질과 가성비를 두루 갖춘 식당이 자연스레 늘어났고, 그 결과 일본의 프렌치 레스토랑은 보다 폭넓은 대중이 향유하는 미식 문화로 자리 잡게 된 것이다.

> 8 Chome-2-1-3
> サンプラーザ札幌 1F
> Minami 4 Jonishi,
> Chuo Ward, Sapporo,
> Hokkaido

럼만 취급하는
괴짜 미남 사장님

럼 앤드 시가 하야나기
Rhum & Cigar 葉柳

　마니아 시장이 제법 큰 일본에는 몰트 바 외에도 칼바도스만 취급하거나 브랜디만 취급하는 전문 바들이 있다. 삿포로에는 럼을 전문으로 하는 바가 있다. 럼의 영문 스펠링은 두 가지로 쓴다. Rum과 Rhum. 이 구분에 대한 소개는 아래 표로 대체한다.

　오늘 방문할 하야나기 바는 'Rhum Bar'라고 간판을 달고 있듯이 프랑스 럼을 중점적으로 취급하는 마니악한 곳이다. 프랑스령 서인도 제도에서 생산된 아그리콜 럼$^{Rhum\ Agricole}$을 주로 취급한다. LP 레코드 음악과 함께 럼과 시가를 즐길 수 있는 곳이다.

구분	Rum	Rhum
기원	영국/스페인식	프랑스식
원료	당밀(Molasses)	신선한 사탕수수즙(Juice)
생산 지역	카리브해, 미국, 호주 등	마르티니크, 과들루프 프랑스령 해외 레지옹
풍미	묵직한 바닐라, 스파이스	바닐라, 열대 과일, 허브
증류 방식	연속식/포트 스틸 혼용	주로 칼럼 스틸 사용
법적 규제	비교적 자유로운 생산 방식	프랑스 AOC 규정 적용

"시가 콜키지도 가능한가요?"

"그럼요, 재떨이를 드릴게요."

서울에서 챙겨 간 리가 프리파다 넘버 9 로부스토를 한 대 꺼냈다.

"이 시가에 어울리는 럼으로 추천해주세요."

영어가 유창하고 미감이 좋은 주인장에게 술 주문을 맡겼다.

"HSE 럼 좋아하세요?"

"많이는 못 접해봤어요. 그중에 추천해주세요."

HSE는 프랑스령 마르티니크 섬에서 생산되는 럼 아그리콜 브랜드로, 정식 명칭은 아비타시옹 생테티엔Habitation Saint-Étienne이다. 신선한 사탕수수즙을 발효 및 증류하여 독특한 풍미를 지닌 럼을 생산한다. 위스키처럼 다양한 오크 통에서 숙성 과정을 거치며, 특히 위스키, 코냑, 셰리 등 다양한 캐스크 피니시를 통해 독특한 향미를 구현한다. 향기를 듬뿍 마시고, 럼을 한 모금 마셨다. 이어서 시가를 한 모금 들이마셨다. 시가와도 페어링이 꽤 좋다.

하야나기 사장님이 추천하는 음악도, 럼도, 시가도 모든 풍경이 영화 같다. 배우처럼 잘생긴 그는 움직임도 우아하다. 이 바 안에 있노라면, 영화감독이 섬세한 미장센을 통해 주인공의 내면을 시각적으로 표현하고, 조명과 색채 배치가 극의 분위기를 한층 더 깊이 있게 만들어주는 듯한 기분이 든다.

▲ 시가에 불을 붙여주는 하야나기 사장님.
▶ 시가와 즐기는 럼.
▶▲ 프랑스 럼 HSE.
▶▶ 럼을 따르는 하야나기 사장님.
▶▶▶ 빼곡한 LP 레코드.

이곳에 모이는 사람들 역시 범상치 않다. 조용히 시가에 불을 붙이는데, 바 왼쪽에 말쑥한 정장을 차려입은 남성이 앉았다. 럼을 한 잔 추천받고는 조용히 마스터와 이야기를 나누는데, 자기는 독립 병입 위스키를 취급한다고 했다. 잠시 후 나이 많은 신사와 아들로 추정되는 두 명이 바에 앉았다. 아빠가 아들에게 술을 알려주는가 보다 싶었는데, 잠시 후 마스터는 그들에게 나를 소개했다.

"한국분이세요?"

"네, 취재차 왔어요."

"저는 오늘 신입사원 연수가 있어서 삿포로에 왔어요. 옆에 계신 분이 회사 사장님이세요."

"사장님이요?"

내가 눈을 동그랗게 뜨고 되물었다.

"저희 사장님이 럼과 위스키를 좋아하시는데, 이곳을 꼭 들러야 한다고 하셔서요. 저녁 식사를 마치고, 제게 함께 가겠느냐고 물어보시기에 호기심에 따라왔어요."

청년은 천천히 한국어로 답변했다. 본인은 교포 3세로 한국어는 집에서만 가끔 사용해서 조금 어눌하다고 했다. 타지에서 만난 교포 청년이 반가웠다. 청년과 함께 온 사장님은 능숙하게 몬테크리스토에 불을 붙였다.

5Chome-10 Minami 5
Jonishi, Chuo Ward,
Sapporo, Hokkaido

수프 카레와
삿포로 맥주

수프 카레 가라쿠
Soup Curry Garaku

홋카이도를 대표하는 음식에는 수프 카레가 있다. 닭고기와 돼지 뼈, 다양한 향신료와 채소를 사용해 깊고 진하게 끓여내는 수프다. 1970년대 삿포로에서 시작된 독특한 지역 요리이다.

최초로 수프 카레의 형태가 등장한 곳은 삿포로에서 운영되던 건강식 레스토랑 '아잔타Ajanta'이다. 당시 아잔타의 주인은 인도 요리에 영감을 받아 향신료가 가득한 국물 요리를 개발했는데, 원래는 향신료와 약초를 이용해 몸을 따뜻하게 해주고 면역력을 높이는 약선 요리였다.

1990년대에는 '매직 스파이스Magic Spice'라는 수프 카레 전문점이 등장했다. 매운 맛을 세분화하고, 여러 가지 토핑을 고를 수 있도록 해 젊은 세대에게 인기를 끌었다. 삿포로의 수프 카레는 홋카이도 전역으로 퍼졌고, 일본의 다른 지역으로도 확산되었다. 가라쿠Garaku, 사무라이Samurai, 피칸티Picante 같은 유명 수프 카레 전문점들이 속속 등장하며 수프 카레의 인기를 견인했다.

그중에서 삿포로 시내에 있는 가라쿠에 왔다. 삿포로에서도 손꼽히는 유명한 수프 카레집 중 하나라서 늘 웨이팅이 길다. 삿포로 시내를 오가다가 이곳의 줄이 짧을 때 스

가라쿠의 수프 카레.

윽 껴서 같이 줄서는 것을 추천한다. 아무리 맛있는 음식이라도 카레를 먹기 위해 한 시간 이상 기다릴 필요는 없다. 칼국수집을 한 시간 기다리는 기분이랄까.

치킨 수프 카레를 주문했다. 부드러운 닭다리살이 들어간 메뉴로 간이 센 편이다. 맵기 조절을 40단계까지 할 수 있으니, 취향에 맞게 주문하면 된다. 밥을 주문할 때 치즈 토핑을 추가하면 따뜻한 밥 위에 치즈가 녹진하게 녹아서 부드럽고 고소한 맛을 더해준다. 토치로 치즈를 살짝 구워 불맛을 더해주는 것도 마음에 든다. 절로 삿포로 맥주를 주문하게 된다.

깊고 풍부한 맛의 수프 카레와 상쾌한 삿포로 맥주가 만나서 조화를 이루는 궁합이 절묘하다. 수프 카레의 매콤한 향신료가 입 안을 자극할 때 삿포로 맥주를 한 모금 마시면 시원한 청량감이 매운맛을 부드럽게 감싸준다. 수프 카레에 들어 있는 부드러운 닭고기와 고소한 맥아 향 역시 균형 있게 어우러진다. 추운 날씨에 혹은 얼큰하게 술을 마신 다음 날 해장용으로 추천한다.

2Chome-6-1 Okumura
Building B (North Entrance),
Minami 2 Jonishi, Chuo Ward,
Sapporo, Hokkaido

낮에는 와인 카페, 밤에는 야키토리 집

사스라이 와인 카페
Sasurai no Wine Kissa

버드 워칭
Bird Watching

삿포로 스스키노 시내를 쇼핑하다가 다리가 아파서 잠시 쉴 만한 곳을 찾았다. 와인 한 잔 가볍게 마시면서 체력을 충전할 만한 곳으로. 사스라이 와인 카페는 와인 오마카세로 추천도 가능하고, 오늘의 홋카이도 와인도 준비되어 있어서 좋아 보였다.

가게 문을 열려고 하는데, 작은 표시로 뭔가 적혀 있다. 세 시부터 다섯 시까지는 사스라이 와인 카페, 오후 5시 30분부터는 버드 워칭이라고 씌어 있다. 버드 워칭이라는 이름이 익숙해서 메모장을 뒤져보니, 현지에서 프랑스식 야키토리 레스토랑으로 추천받은 곳이었다. 가볍게 와인과 페어링하기 좋다는 내용도 함께 기록해두었다.

우연히 이곳을 만나게 되다니! 하지만 지금 시각은 오후 4시 7분. 커피와 와인 정도를 가볍게 마실 수 있는 타임이었다. 메뉴판을 살펴보는데 커피 메뉴도 범상치 않다. 생산지 프로세스, 품종, 고도, 건조, 로스트, 테이스팅 노트가 상세하게 적혀 있다. 좋은 품질의 스페셜티 커피를 찾는다면 이곳으로 와도 좋겠다.

자리에 앉아 오늘의 홋카이도 와인이 무엇인지 물었다. 란 셋카의 '코야치 2021'이라며 꺼내 보여주었다. 이전에 와인 바 쿤푸에서 홋카이도의 자랑스러운 와이너리라고 알려준 그곳이다. 바로 한 잔 주문하고, 와인의 향기가 피어나길 기다렸다.

란 셋카Lan Seqqua는 요이치에서 부부가 운영하는 와이너리다.(이름이 독특한데 '란'은 장난스런 의성어 '란란란'에서 따온 것이고, 셋카는 '눈송이雪花'라는 뜻으로, 의역하면 '즐거운 눈'이라고 한다.) 2020년에 양조 면허를 취득하고, 부부가 각각 구획을 정해서 좋아하는 품종을 재배하기로 했다. 서남향과 남향의 2헥타르 땅에는 피노누아와 츠바이겔트를, 남쪽에는 화이트 와인용으로 게뷔르츠트라미너와 피노그리를 심었다. 둘이서 함께 만드는 것보다 각자가 원하는 방향을 그리는 것이 좋겠다는 생각에서였다. 남편 야마카와 슌타로 씨는 프루티한 레드 와인을 좋아하고, 부인 류고하루 씨는 요이치의 식재료와 페어링하기 좋은 화이트 와인을 좋아한다.

오늘의 와인으로 꺼내준 '코야치 2021 파스투그랭'은 란 셋카에서 자체 재배한 포도로만 양조한 첫 번째 와인이다. 파스투그랭Passetoutgrain은 부르고뉴산 적포도주를 말하니, 아무래도 부르고뉴의 레드 와인을 이미지한 게 아닐까 싶다. 1,800병 한정 생산해 현지에서도 만나기 어려운 와인으로, 피노누아 2/3에 츠바이겔트 1/3을 블렌딩했다. 포도를 수확한 2021년 7월에는 기록적인 폭염이 있었기 때문에 평년보다 열흘 정도 빠른 10월 초에 포도를 수확했다고 한다. 츠바이겔트는 포도 송이째 발효시키고, 펀치다운(포도 껍질을 눌러 침전물을 섞는 과정)을 최소화했다. 피노누아는 반은 송이째, 반은 탈곡한 상태로 발효시켰다. 발효 후 약 일 년 동안 오크 통에서 숙성해 완성했는데, 그중 20%는 뉴 오크 통을 사용했다. 2023년 3월에 병입했다.

와인을 맛보니, 블루베리, 블랙커런트, 초콜릿, 가죽의 복합적이고 그윽한 향기가 은은하게 퍼져 나간다. 타닌이 부드럽고 산도도 적당해서 마시기에 편안하다.

와인을 한 잔 마시니 조금 출출해져서 가벼운 식사 메뉴가 가능한지를 물어보았다. 나폴리탄이 가능하다기에 주문해서 남은 와인과 함께 즐겼다. 나폴리탄의 달콤하고 감칠맛 나는 토마토 소스는 와인의 베리 향과 잘 어울렸다. 또, 나폴리탄에 들어간 소시지의 짭조름하면서도 고소한 맛은 부드러운 타닌과도 딱 어울린다.

5 Chome-5
Minami 4 Jonishi,
Chuo Ward, Sapporo,
Hokkaido

▲ 낮에는 사스라이 와인 카페, 밤에는 버드 워칭.

◀ 란 셋카의 '코야치 2021 파스투그랭'.

야키토리를 제대로
맛보고 싶다면

게이토
鷄灯

　삿포로에 제대로 된 야키토리 전문점이 있다며, 저녁에 시간이 되느냐고 그가 물었다. 홋카이도에서 야키토리는 특별히 생각해보지 않은 메뉴지만, 워낙 식재료가 좋다고, 미식가인 그가 적극 제안하기에 솔깃했다.

　나무와 숯 향기가 스며든 따뜻한 공간에 도착했다. 입구에는 고치현 비장탄 사용점土佐備長炭使用店이라고 적혀 있다. 주인장에게 고치현 비장탄을 사용하는 이유를 물어보았다. 그의 말에 따르면, 고치현에서 생산된 최고급 숯(비장탄)은 일반 숯보다 높은 온도를 유지할 수 있어 표면을 빠르게 구워내 식재료의 풍미를 잘 살릴 수 있다고 한다. 또한 불순물이 적어 깨끗하게 구워지며, 천천히 타면서 일정하게 열을 유지하기 때문에 야키토리 같은 섬세한 요리에 적합하다고 덧붙였다.

　게이토는 프리미엄 야키토리 전문점으로, 지역의 신선한 토종닭地鶏을 사용한 야키토리와 함께 다양한 사케와 와인을 즐길 수 있는 곳이다. 특히 사케 셀렉션이 훌륭하니, 리스트에 없더라도 다양한 추천을 받아보면 좋다.

　우리는 우부스나 야마다니시키 나마겐슈産土山田錦生酒를 선택했다. 병의 검은 라벨에 새겨진 섬세한 문양이 인상적이다. 구마모토현 하나노카 주조에서 생산한 프리미엄 사케인데, 우아한 향과 맛으로 '사케계의 샴페인'으로 불린다. 첫 잔으로 딱 좋은 선택이었다. 기모토^{生酛} 방식(수작업으로 자연 발효시킨 슈모^{酒母}로 양조하는 방식)으로 만든 생주로, 본연의 신선함과 풍미가 그대로 살아 있다. 정미율 55%로, 준마이긴조급 사케다. 산미가 있는 서양배와 감귤류의 은은한 과일 향이 특징이며, 부드러운 탄산감이 있는 신선한 맛이 마음에 든다.

닭다리살을 맛보는데, 육즙이 풍부하고 무엇보다 육향이 좋았다. 한국으로 치면 토종닭과 육계 사이의 식감인데, 어떤 닭일까?

"오늘의 닭은 나고야 코친이에요."

나고야 코친은 일본에서 가장 유명한 토종닭 품종으로, 육질이 단단하고 깊은 감칠맛을 지녀 일본 내에서도 고급 닭고기로 인정받고 있다고 한다. 나고야 코친은 19세기 후반 일본이 서구 문물을 받아들이던 시기에 탄생했다. 당시 나고야 지역의 토종닭과 중국에서 유입된 코친 품종을 교배해 육질과 산란 능력이 우수한 품종을 개발한 것이 시작이었다. 이후 20세기 초에 품종 개량이 이루어졌고, 1942년에 일본 정부로부터 정식 '토종닭'으로 인정받았다. 보통 40~50일 정도 사육하는 양계 닭에 비해 성장 속도가 느려서 약 120~150일 이상 사육해야 출하할 수 있다. 이 때문에 가격도 훨씬 비싸다.

▲ 고치현 비장탄 사용점을 표시한 현판.

▼◀ 나고야 코친으로 만든 닭다리살과 사케.

▼▶ 우부스나 야마다니시키 나마젠슈와 네기마.

구운 닭다리살의 촉촉하고 살짝 기름진 닷을 사케의 산미가 정리해주면서, 은은한 과일향이 뒤를 이어 풍미를 깔끔하게 마무리한다. 이어서 나온 네기마는 닭고기의 담백함을 파의 알싸한 향으로 감싸 감칠맛이 폭발하는데, 우부스나 나마겐슈의 깊고 풍부한 맛이 이를 더욱 돋보이게 한다. 평소에도 가장 좋아하는 부위인 세세리(목살)는 특별히 요청해 두 번이나 맛보았다. 기름진 감칠맛과 탄력 있는 식감의 세세리를 한입 먹고, 탄산감 있는 사케를 한 모금 마시니, 삿포로에서 만난 최고의 한 끼라는 생각이 들었다.

우부스나 나마겐슈는 그 자체로도 풍미가 뛰어나지만 야키토리와의 페어링을 통해 더욱 다채로운 맛을 느낄 수 있었다. 홋카이도의 차가운 대기 속에 만난 따뜻한 야키토리와 시원한 사케의 페어링은 잊을 수 없는 감동이었다.

2Chome-13 越中ビル 1F,
Minami 1 Johigashi,
Chuo Ward, Sapporo,
Hokkaido

재첩 육수로 만든 해장 라멘

시미지미 본점
しみじみ 本店

삿포로에서 술을 마시고 나면 아무리 배가 불러도 꼭 들른다는 지인의 단골 라멘집. 홋카이도산 시지미(재첩) 육수를 기반으로 한 독특한 라멘으로 현지인과 관광객 모두에게 사랑받는 곳이다. 면을 다 먹은 후 바질을 추가해 국물의 맛을 더욱 풍부하게 즐길 수 있는 '마법의 한 숟가락'도 제공한다. 두 가지 맛을 즐길 수 있는 재미까지 더한, 작지만 알찬 곳이다.

메뉴로는 삿포로 미소 라멘, 시지미 육수에 닭육수를 더한 쇼유 라멘, 시지미 시오 라멘 등이 있다. 다양한 삿포로 라멘 집이 입점해 있는 '원조 삿포로 라멘 요코초' 내에 위치한다.

3 Chome-6 N·グランデビル 1F, Minami 5 Jonishi, Chuo Ward, Sapporo, Hokkaido,

▲ 라멘을 만드는 시미지미 오너 셰프.

▼ 재첩 육수로 만든 시미지미 라멘.

일본 도자기의 정수를
만날 수 있는 와인 바

히키다시
抽斗

 레스토랑 이름인 히키다시는 '서랍'을 의미한다. 다양한 요리의 세계를 탐험하는 공간이라는 의미를 담고 있다. 이곳은 프렌치 요리를 기반으로 하면서도 일본의 제철 식재료를 활용해 독창적인 요리를 선보인다. 계절에 따라 메뉴가 변경되는데, 모든 메뉴를 식사처럼 즐기기도 좋고, 단품으로 가볍게 맛보기도 좋다.

 특히 현재 활발히 활동하는 일본 도예 작가들의 접시를 다양하게 만날 수 있다는 점이 매력적이다. 요리에 맞춰 바뀌는 도자기를 감상하는 즐거움이 있다. 물론 와인과 사케 리스트도 훌륭하다. 소믈리에인 주인장이 엄선한 내추럴 와인의 구색이 좋다.

 금귤을 마스카포네 치즈로 무친 요리부터, 튀긴 가지와 파 소스, 일본식 달걀말이, 콩 스파이스 카레 등 간단한 요리 같지만 좋은 식재료를 사용해, 차가운 요리부터 따뜻한 요리까지 균형 있게 구성되어 있다. 디저트로 만난 럼주 푸딩도 인상적이었다. 술꾼들의 마음을 아는 가벼운 요리들이다.

24 Chome-2-24
Minami 6 Jonishi,
Chuo Ward, Sapporo,
Hokkaido

히키다시의 실내 전경.

▲ 금귤과 마스카포네 치즈 / 럼주 푸딩 / 꼴뚜기와 그린빈 / 고로케 / 일본식 달걀말이.

▶ 히키다시에서 함께 마신 율리스 콜랭 샴페인.

차원이 다른
홋카이도 스시 집

스시사이 와키치

鮨菜 和喜智

　미쉐린 2스타를 받은 고급 스시 오마카세 전문점이다. 오타루에서 태어나 도쿄에서 에도마에 스시를 수련한 셰프 다무라 미쓰아키田村光明가 운영한다.

　산지까지 꼼꼼히 따져 고른 홋카이도의 신선한 해산물로 정교하고 섬세한 스시를 만든다. 좋은 스시 집이 많지만, 재료의 선택, 재료와 샤리의 밸런스, 익힘의 정도와 방식까지 고려해 섬세함의 차원이 남다른 곳이다. 다무라 셰프는 특히 전복, 가리비, 관자 같은 조개류에 자신감을 보인다. 숯을 정말 잘 쓰는 곳이라 생선구이와 타다키도 일품이다. 그의 손끝에서 탄생한 스시는 단순한 요리 그 이상을 경험하게 한다.

　한 인터뷰에서 다무라 셰프는 "흘러가는 것이 아니라 기억에 남을 한 입을 만들자"는 자신의 신념을 밝힌 바 있다. 정성과 노력을 다해 고객들이 방문할 때마다 좀 더 깊어진 맛을 전달하고 싶다고 한다.

　유행에 따르기보다 제철 재료 본연의 맛을 드러내는 데 집중하는 편이라 플레이트가 화려하지는 않다. 재료의 생명력을 살리는 숙성을 위해 소금이나 다시마를 사용하는 것이 특징이다. 또, 샤리를 만들 때 두 종류의 붉은 식초를 사용해 네타와 샤리를 하나로 자연스럽게 연결하는 솜씨가 일품이다. 강한 풍미를 절제해 깊이 있는 맛을 살리기 때문에 '어른의 스시'를 느끼게 된다.

25 Chome-1-22 Minami 2 Jonishi, Chuo Ward, Sapporo, Hokkaido

스시를 쥐는 데 집중하는 다무라 셰프.

◀▲ 시소 꽃을 더한 금태와 성게알.

◀▼ 와키치에서 만난 홋카이도 사케.

▶▲ 요리에 집중하는 다무라 셰프.

▶▼ 식재료를 친절하게 그림으로 소개하는 모습.

3스타 레스토랑에서
운영하는 브런치 집

몰리에르 카페
훗테모 하레테모
Molière Café 降っても晴れても

   몰리에르 카페는 삿포로에 위치한 세련된 프렌치 스타일의 카페 레스토랑이다. 미쉐린 3스타 레스토랑인 '몰리에르'를 운영하는 라팽 푸드 Lapin Foods 그룹이 선보인 공간으로, 고급스러우면서도 편안한 분위기에서 식사를 즐길 수 있다. 카페 이름에 붙은 '降っても晴れても'는 재즈 스탠더드 'Come Rain or Come Shine(비가 오든 해가 나든)'에서 따왔다. 1946년 브로드웨이 뮤지컬 〈세인트 루이스 우먼〉을 위해 작곡된 곡이다. 몰리에르 카페는 이 곡에서 영감을 받아, 날씨와 상관없이 언제나 편안한 공간이 되기를 바라는 마음을 담았다. 9층에 위치하고, 창이 커서 채광이 정말 좋다.

   홋카이도의 재료를 활용한 요리와 디저트가 맛있다. 고객이 앉아 있는 자리까지 식재료를 운반해 와서 직접 올려주거나 야마와사비 같은 뿌리 채소를 그 자리에서 깎아 얹어주는 섬세한 서비스가 몰리에르답다. 미쉐린 스타 레스토랑의 퀄리티를 합리적인 가격에 캐주얼하게 즐기고 싶다면 이곳을 추천한다.

6 Chome-3-3 六花亭札幌本店
9F, Kita 4 Jonishi, Chuo Ward,
Sapporo, Hokkaido

채광이 좋은 몰리에르 카페.

▲ 야마와사비를 직접 깎아주는 서비스.

▲▶테이블에서 디저트를 서브하는 정성스러운 터치.

▶▲오픈 키친에서 요리에 집중하는 몰리에르 카페의 셰프.

▶▼미쉐린 가이드 홋카이도 편.

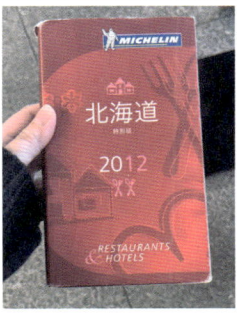

재즈 뮤지션의 아내가
운영하는 재즈 바

슬로보트
Slowboat

삿포로에 위치한 정통 재즈 클럽으로, 재즈 피아니스트 후쿠이 료福居良와 그의 아내 야스코가 1995년에 함께 시작한 곳이다. 후쿠이 료는 1976년 데뷔 앨범 〈Scenery〉를 발표하며 일본 재즈계에 이름을 알렸다. 이 재즈 클럽은 그의 마지막 앨범 〈A Letter From Slowboat〉(2015년)가 녹음된 장소이기도 하다. 후쿠이 료는 2016년 3월 15일 림프종으로 세상을 떠났다.

이곳을 방문했던 밤에는 데님 재킷에 데님 바지를 입은 야스코가 유쾌하게 영어로 맞아주었다. 현재 슬로보트에서는 홋카이도 현지 아티스트는 물론 국제적인 재즈 아티스트들의 라이브 공연이 정기적으로 열리며, 후쿠이 료의 음악을 비롯해 다양한 재즈 곡들을 감상할 수 있다.

그날은 나이 많은 재즈 보컬의 연주가 있었는데, 손님이 많아서 겨우 입장할 수 있었다. 중저음이 매력적인 보컬과 클라리넷 연주자의 즉흥연주까지, 홋카이도 재즈 신을 생생하게 만날 수 있었다. 1부와 2부로 나눠 운영하는데, 웹사이트에서 공연 일정을 확인할 수 있다. 아늑한 분위기에서 고품격 재즈 공연과 음료를 즐기며, 일본 재즈의 깊이를 느껴보길 추천한다.

3 Chome-1-4 もりにビル,
Minami 3 Jonishi, Chuo
Ward, Sapporo, Hokkaido

◀▲ 후쿠이 료의 콘서트 포스터.

◀▼ 슬로보트를 찾은 연주자들의 앨범.

▲ 슬로보트 라이브 공연.

지역 와인을 무료로 맛볼 수 있는 호텔

언와인드 호텔 앤드 바 오타루
UNWIND HOTEL &
BAR OTARU

스테인드 글라스가 아름다운 이 호텔은 클래식한 분위기와 현대적인 편안함이 조화를 이루는 곳이다. 오타루 운하에서 도보 5분 거리로, 관광하기에도 좋다.

이 호텔의 가장 큰 매력은 매일 오후 5시부터 6시 30분까지 1층 바에서 투숙객을 위한 무료 와인 서비스가 제공된다는 점이다. 매일 홋카이도 지역 와인을 화이트 세 종, 레드 세 종으로 총 여섯 종을 소개한다. 와인 셀렉션도 날짜마다 변경되기 때문에, 호텔에 투숙하면 지역 와인을 다양하게 접할 수 있다는 점이 상당히 매력적이다.

1층 바는 와인 외에도 위스키 셀렉션도 좋은 편이다. 스카치 위스키뿐만 아니라, 홋카이도를 대표하는 요이치 증류소의 위스키, 특히 증류소에서만 판매하는 에디션을 만나볼 수 있다. 이 밖에도 홋카이도 앗케시 지역 위스키 셀렉션, 니세코 증류소의 진도 갖추고 있어서, 홋카이도의 다양한 지역 술을 만날 수 있다.

홋카이도산 제철 식재료로 만든 조식도 정갈하고 맛있다. 하이 티$^{\text{High tea}}$ 스타일로 제공하는데, 전통적인 뷔페 방식이 아닌 삼단 트레이에 다양한 요리를 담아 제공한다. 마치 아침에 애프터눈 티를 즐기는 듯한 특별한 경험을 선사한다. 제철 채소를 사용한 샐러드, 달걀, 베이커리, 과일 등으로 구성된다. 매일 다른 메뉴를 선보이기 때문에 일주일을 묵어도 전혀 지루할 틈이 없다.

1 Chome-8-25 Ironai,
Otaru, Hokkaido

치킨에는 어떤 맥주가 좋을까?

나루토 본점
なると本店

　1957년에 오픈한 곳으로, 신선한 닭고기를 콩기름에 바삭하게 튀긴 '한미아게(반 마리 치킨)'로 유명하다. 오타루 시민과 관광객 모두에게 사랑받는 곳이다. 겉은 바삭하고 속은 촉촉한 치킨과 함께 맥주를 즐길 수 있다.

　노포 치킨집에 앉아 메뉴를 기다리다 보니, 한국의 영양센터가 떠오른다. 퇴근 후 가볍게 즐기기 좋았는데! 식사를 겸해서 나루토를 방문한다면 한미아게 정식을 추천한다. 바삭하게 튀긴 닭 반 마리와 밥, 미소장국, 반찬이 포함된 메뉴다.

　삿포로 클래식을 한 병 주문했다. 막상 홋카이도에 오면 여러 종류의 삿포로 맥주가 보여서 선택 장애가 오는데, 홋카이도 한정 맥주인 삿포로 클래식만큼은 꼭 마셔보기를 추천한다. 맥아의 고소함과 홉의 은은한 쌉싸름함이 균형을 이루고, 탄산감도 적당해서 마무리가 깔끔하다. 기름진 치킨과의 궁합은 말해 뭐 해!

　일본에서는 닭고기 요리를 꼭 맛보아야 한다. 야키토리, 가라아게, 오야코동, 닭육수 라멘 등 일본 하면 유독 닭 요리가 많이 떠오른다. 아마도 일본의 식문화 전통 때문이 아닐까? 일본은 불교가 전파되면서 한때 소고기, 돼지고기를 포함해 모든 육고기를 금했다. 하지만 시간이 지나면서 생선과 조류에 대해서는 제한이 느슨해졌고, 식문화 역시 생선과 조류, 채소를 중심으로 발달하게 되었다. 어떤가? 육고기로는 유일하게 공들여 발전시킨 일본의 치킨을 맛보고 싶지 않은가?

3 Chome-16-13 Inaho,
Otaru, Hokkaido

나루토 치킨에 곁들여 마시는 삿포로 클래식.

사슴 고기로 만든 버거

에비진
Ebijin

요이치에서 이탈리안 음식을 자주 먹다 보니 뭔가 특식을 먹고 싶어졌다. 도멘 몽의 와인 메이커 부부가 점심으로 사슴 고기를 추천했다. 사슴 고기는 이전에도 헬싱키에서 먹어본 적이 있지만, 자주 즐기는 고기는 아니라서 약간 걱정이 됐다.

"이 집은 사슴 고기 버거라서, 어렵지 않아요."

그 한마디에 바로 사슴 고기 버거를 요리하는 에비진으로 향했다. 사슴 고기 패티를 사용한 지비에ジビエ(수렵육 혹은 야생동물 고기) 버거를 주문하고 자리를 잡았다. 정말 아담한 가게라서 동시에 네 사람이 앉기도 벅차 보인다. 벽면 한쪽에는 사슴 머리 헌팅 트로피가 멋지게 걸려 있다.

엄청나게 큰 버거가 나왔다. 큼직한 사슴 고기 패티 위로 토마토, 양배추, 양파가 듬뿍 올라가 있었다. 의외로 부드러운 식감에 사슴 고기 특유의 풍미가 소스와 어우러져 맛있었다.

홋카이도는 일본 내에서도 사슴 개체 수가 많아서 지역에서 포획한 사슴 고기를 활용한 요리가 발달했다. 에비진에는 사슴 고기 등심과 안심 스테이크도 있고, 함박 스테이크도 판매한다. 신선한 사슴 고기는 일본 전국으로 배송도 된다. 에비진의 음식에는 콜라 대신 요이치의 사과주스와 함께 맛보길 추천한다.

9 Chome-60-1
Kurokawacho, Yoichi, Yoichi
District, Hokkaido

사슴 고기 버거.

신선한 해산물과
삿포로 맥주

카키자키 쇼텐
柿崎商店

홋카이도 요이치에 있는 해산물 전문점이다. 신선한 해산물을 합리적인 가격에 제공해서 인기가 많다. 요이치 증류소에서 도보 10분 거리여서, 증류소 투어를 마치고 방문하기에도 좋다.

1층은 식료품 매장으로 다양한 해산물과 지역 특산품을 판매한다. 2층은 해산물 전문 식당 '카이센공방^{海鮮工房}'이다. 식사 시간에는 엄청나게 줄이 길다. 외국인보다 일본 현지인들의 비중이 압도적으로 높다. 오전 11시에 일찍이 방문했지만 20~30분을 기다렸다가 입장했다. 먼저 삿포로 생맥주를 한 잔 주문하고 메뉴를 살펴보았다. 카이센동이 유명하지만, 이번에는 생선구이 정식과 성게알을 주문했다. 생선구이 정식에는 연어알과 생선회도 몇 점 나오는데, 갓 지은 밥이 예술이다. 가자미 구이에 반주로 마시는 삿포로 맥주는 입 안을 깔끔하게 정리해줘서, 맑고 경쾌한 기분마저 든다.

밥을 다 먹고 1층 식료품 매장으로 내려가 요이치에서 생산한 체리를 한 상자 샀다. 요이치에서는 제철 과일을 사는 재미가 쏠쏠하다.

7-25 Kurokawacho, Yoichi,
Yoichi District, Hokkaido

▲ 가자미 정식.
▼◀ 카키자키 쇼텐 쇼핑.
▼▶ 성게알.

요이치에서는
과일 소르베를!

프루티코 요이치 본점
FRUTICO 余市本店

   요이치는 홋카이도의 대표적인 과일 산지로 특히 사과, 포도, 배, 체리 등이 유명하다. 1950년대 이후 홋카이도의 과수 농업이 체계적으로 발전하면서, 요이치는 사과와 포도의 주요 산지로 자리 잡았다. 동시에 와인 제조용 포도 품종의 연구와 개발이 활발히 진행되면서, 일본 와인 산업에도 영향을 미치기 시작한다. 이 시기에는 체리, 배, 복숭아 등 다양한 과일 재배도 한층 활성화되었다. 최근에는 와인용 포도 재배가 급증하면서 지역 와이너리도 크게 성장했다. 일본에서는 '북쪽의 과일 왕국'이라 불리며, 이곳에서 만든 다양한 과일 가공품(잼, 주스, 젤라토 등)도 유명해졌다. 그러니 요이치에서는 마트가 보이면 다양한 과일을 사서 먹어보기를 추천한다.

   요이치에는 과일을 이용한 여러 디저트가 있지만, 입가심으로 가장 추천하고 싶은 것은 과일 소르베다. 프루티코는 과수원에서 직영하는 젤라토 전문점이다. 신선한 제철 과일을 사용해서 젤라토를 만들기 때문에, 현지인과 관광객 모두에게 사랑받는 곳이다. 우유가 들어간 젤라토와 우유가 없는 소르베까지 모두 갖추고 있어서, 유당불내증이거나 비건이더라도 걱정 없이 방문하기 좋다.

나이아가라 포도로 만든 소르베부터 요이치 사과, 블루베리, 멜론, 아스파라거스 소르베까지 무엇을 골라야 할지 선택 장애가 올 정도다. 파스텔톤의 소르베는 색도 참 곱다. 한참을 고민하다 네 가지 맛을 골랐다! 결과는? 대만족! 이제 좀 걸어야겠다.

8Chome-31 Okawacho, Yoich., Yoichi District, Hokkaido

◀ 프루티코 4 스쿱.
▶▲프루티코의 쇼케이스.
▶▼아스파라거스 젤라토와 요이치산 과일로 만든 소르베.

현대적인 스타일의
징기스칸 레스토랑

다이코쿠야 고초메점
大黒屋 旭川五丁目店

1950년대 전통 징기스칸 스타일을 현대적으로 재해석한 곳이다. 생 양고기와 양념 양고기 모두 제공하는데, 육질이 부드럽고 냄새가 거의 없어 초보자도 즐기기 좋다. 신선한 양고기 공급망을 갖추고 있어 퀄리티가 높다.

생맥주가 포함된 코스 메뉴가 있으나 반드시 단품으로 주문하길 추천한다. 특수 부위뿐만 아니라 다양한 부위를 즐기기에는 단품이 훨씬 낫다. 함께 곁들이기 좋은 삿포로 클래식 생맥주, 하이볼, 일본 사케, 소주 등 주류도 다양하게 구비하고 있다.

삿포로 클래식 생맥주로 시작해서, 고구마 소주로 입가심하면 깔끔하다. 지역 주민은 물론 관광객까지 줄 서는 맛집으로 홋카이도 전역에서 찾아오는 마니아들도 있다. 최근 전국으로 영업점을 확장하고 있어서 도쿄와 후쿠오카에서도 만날 수 있다.

5 Chome-1425 3·4 仲通,
4 Jodori, Asahikawa,
Hokkaido

▲ 투구 모양의 팬에 굽는 징기스칸.

▶ 특수 부위뿐 아니라 다양한 부위를 즐길 수 있다.

★ Shopping & Festival

홋카이도 식재료를
원스톱 쇼핑하기
좋은 곳

다이닝 마리아주
Dining Mariage

3 Chome-8, Minami 1
Jonishi, Chuo Ward,
Sapporo, Hokkaido

삿포로 미쓰코시 백화점 지하 식품관에 위치해 있으며, 주류부터 페어링 푸드까지 원스톱으로 쇼핑할 수 있다. 홋카이도의 사케와 와인, 위스키는 물론이고, 의외로 한정판 술도 만날 수 있으니 동선이 맞는다면 가볍게 한번 둘러볼 것을 추천한다. 페어링 푸드로 소개하는 다양한 식재료의 큐레이션이 특히 좋은 편이다.

삿포로 그랜드 호텔의 콘수프 통조림, 크래들 cradle의 홋카이도산 화이트 아스파라거스 통조림, 수프 카레로 유명한 삿포로의 가라쿠 카레, 하코다테의 고토겐 카레 등 다양한 홋카이도산 식재료와 가공식품을 만날 수 있다. 통조림 제품은 라벨이 예쁘고 맛도 좋아서 선물용으로 좋다. 야마나카山 목장의 프리미엄 발효 버터를 구매해서 숙소에서 맛보는 것도 추천한다. 일반 버터와는 향도 맛도 풍미도 전혀 달라서 신선한 경험이 될 것이다.

삿포로 그랜드 호텔 수프 / 홋카이도산 아스파라거스 캔 / 홋카이도 버터.

홋카이도에서 요리를 한다면, 장보기 좋은 곳

쿠프 Coop 소엔裳桑점

23 Chome-1-1 Kita 10 Jonishi, Chuo Ward, Sapporo, Hokkaido

쿠프Coop는 생활협동조합으로 일본 전국에 약 1,200개 매장(2024년 기준)이 운영되고 있으며, 약 2,800만 명 이상의 회원을 보유하고 있다. 일본 가구의 약 40퍼센트가 쿠프 회원인 셈이다. 특히 홋카이도는 전체 세대 수 대비 81.3%가 쿠프 조합원으로 가입되어 있을 정도로 지역민의 생활과 밀접하게 닿아 있다.

내가 주로 방문한 쿠프 삿포로 소엔점은 특히 혼자 사는 고객을 위한 소포장 반찬과 다양한 종류의 델리를 갖춘 곳이었다. 해산물 시장(기타노구루메)에서 가깝기 때문에, 이곳의 주차장을 이용하기도 좋고 두루두루 장을 보기에도 좋다.

입구에 들어서면 먼저 각종 제철 과일이 눈에 띄는데, 다양한 품종의 딸기와 사과를 구경하다 보면 시간 가는 줄 모른다. 채소 코너에서는 홋카이도에서만 생산되는 다양한 채소를 만날 수 있다. 유제품과 주류 코너까지 잘 갖추고 있으며, 가격도 합리적인 편이다.

쿠프의 다양한 식재료들. 딸기, 사과부터 홋카이도 치즈와 사케, 맥주까지 즐비하다.

홋카이도 해산물 전문 시장

**해산물 시장
기타노구루메**
海鮮市場北のグルメ

22 Chome-4-1 Kita 11 Jonishi, Chuo Ward, Sapporo, Hokkaido

기타노구루메는 해산물 전문 시장으로, 이곳에서 신선한 해산물을 직접 구매해 인근 식당인 '기타노구루메테이北のグルメ亭'에서 비용을 내고 조리한 요리를 맛볼 수 있다. 마치 노량진 시장에서 장을 보고, 상차림 전용 식당에서 먹는 것과 비슷하다. 게, 연어, 성게알 등 홋카이도 특산 해산물을 눈이 돌아갈 정도로 풍성하게 만날 수 있다. 면세 구매도 가능하기 때문에 일정 마지막 날에 이곳에 들러 식재료를 구매해 가는 경우도 있다. 해산물 외에도 홋카이도 한정판 과자나 가공식품을 판매하는 코너도 있어서, 식재료 원스톱 쇼핑이 가능하다. 삿포로 시내 일부 호텔이나 삿포로 역 북쪽 출구에서 장외 시장까지 무료 셔틀버스를 운영한다.

삿포로에서 며칠 머문다면 이곳에서 연어알이나 성게알 등을 구매하는 것도 추천한다. 숙소 냉장고에 보관해두고, 밤이 되면 홋카이도 사케를 곁들여 가볍게 안주로 즐겨보자. 이 싱싱한 해산물을 수저로 마구 퍼먹는 상상을 하면, 지갑이 절로 열린다.

해산물 전문 시장의 연어알과 성게알 / 호텔에서 맛보는 해산물.

삿포로에서 만난
프랑스식
샤퀴테리

**샤퀴테리 에 트레퇴르
테르**
Charcuterie et
traiteur TERRE

9 Chome-2-25
旭山プラザ 1F, Maruyama
Nishimachi, Chuo Ward,
Sapporo, Hokkaido

한 치즈 전문점에서 소개받고 궁금해하던 샤퀴테리 전문점이다(참고로 미쉬린 1스타 프렌치 레스토랑 르 뮤제에서 차로 10분 거 다). 매장에서 다양한 샤퀴테리가 진열된 쇼케이스를 들여다보자마자 눈이 절로 커진다. "여긴 서울의 메종조 같은 곳인데?!"
다양한 제품을 만날 수 있다는 것도 신나는데, 한국에 비해 가격까지 착하다. 이곳은 홋카이도산 돼지고기와 에조 사슴 고기 등을 사용해 소시지, 햄, 테린 등 다양한 샤퀴테리를 직접 만들어 판매한다. 또, 키시, 샐러드, 조림 등 계절 식재료를 활용한 프랑스 요리도 함께 선보인다. 주인장에게 물어보니 제품의 약 90% 이상을 홋카이도의 식재료로 만든다고 한다. 이것저것 물어보고 한아름 골랐는데, 같이 간 일행이 슬쩍 전단지를 건넨다. "세트로 구매하면 이 가격이라는데?"
A타입은 3,500엔, B타입은 5,800엔, C타입은 8,800엔이다. 나중에 더 합류할 일행도 있어서 우리는 과감하게 C타입으로 골랐다. 이후 숙소에서 밤마다 한두 개씩 뜯어 먹으며 모두가 환호했다. 굿 초이스!

테린과 샤퀴테리 세트.

홋카이도
치즈
전문점

콩테
CONTE

24 Chome-2-3 プレミエール円山 1F, Odorinishi, Chuo Ward, Sapporo, Hokkaido

삿포로 시의 중심가인 마루야마 지역에 위치한 내추럴 치즈 전문점. 홋카이도산과 유럽산 치즈를 폭넓게 취급하며, 치즈 애호가들 사이에서 높은 평가를 받고 있다. 특히 약 서른 곳의 홋카이도 치즈 공방과 직접 거래해 다양한 종류의 홋카이도산 치즈를 맛볼 수 있다는 것이 가장 큰 장점이다. 치즈를 시식해보고 취향에 맞는 제품을 선택할 수 있다.

내 입맛에 맛있었던 치즈를 몇 가지 소개해보면, 우선 재팬 블루 오코페ジャパンブルーおこっぺ를 꼽을 수 있다. 오코페 초에서 생산된 블루치즈로, 진한 풍미와 부드러운 식감이 특징이다. 브리즈 드 메르Brise de mer는, 타카나시 유업과 프랑스의 유명한 이즈니 생메르 낙농협동조합이 제휴해 탄생한 화이트 치즈로, 크리미한 맛이 일품이다. 특히 이 치즈에는 이즈니 생메르의 낙농업자가 "마치 노르망디 같다"고 표현한 홋카이도의 곤센根釧 지구에서 생산한 우유만 사용한다. 이 외에도 시아와세 치즈 공방에서 생산한 하드 치즈인 사치幸는 6개월간 숙성해 깊은 맛이 예술이다. 글라스 와인도 즐길 수 있어서, 치즈를 맛보면서 쉬어 가기에도 좋다.

재팬 블루 오코페 / 다이치노 홋페大地のほっぺ, '대지의 볼살'이라는 뜻 / 홋카이도 치즈 플래터와 글라스 와인.

커피 전문점에서
만나는
간식과 와인

칼디 커피 팜
삿포로 지하상가 아피아점
Kaldi Coffee Farm
札幌アピア店

3 Chome アピア, Kita 5
Jonishi, Chuo Ward,
Sapporo, Hokkaido

일본에서 매우 인기 있는 식료품·커피 전문 체인점 칼디 커피 팜. 1986년에 설립되어 현재 일본 전국에 약 450개의 매장이 있다. 브랜드명 '칼디'는 커피의 각성 효과를 처음 발견한 전설 속 염소지기 '칼디'에서 유래했다.

칼디는 '커피를 직접 로스팅하고 판매하는 소규모 커피 전문점'으로 시작해, 그객의 커피 구매 체험을 풍부하게 하기 위해 해외 식재료와 수입 식품을 함께 진열했다. 이러한 구성이 소비자들에게 인기를 끌자 현재는 '수입 식료품점 + 커피 전문점 + 세계의 시장' 느낌을 테마로 확장했다. 매장마다 눈에 띄는 공통점이 있다. 1. 입구에서 무료 커피 시음 서비스 제공. 2. 통로가 좁고 '발견하는 재미'가 있는 구조로 구성. 3. 전 세계의 특색 있는 식재료, 조미료, 와인, 디저트 등을 소량 다품종으로 진열. 4. 시즌 테마에 맞춘 기획 상품(할로윈, 크리스마스, 발렌타인 등) 개발.

디저트를 좋아하는 지인이 여기를 꼭 가야 한다고 했는데, 그녀의 리스트에는 앙버터 잼, 딸기 밀페유 잼이 있었다. 나도 선물용으로 몇 개 장바구니에 넣었다. 칼디는 삿포로에도 여러 매장이 있는데, 삿포로 역 지하 쇼핑몰 아피아의 매장이 JR 삿포로 역과 직결되어 접근성이 좋다.

딸기 밀페유 잼 / 앙버터 잼.

시음하고
구매하는
술

네모토 사케텐
根本酒店

4 Chome-1 COCONO
SUSUKINO B1F, Minami
4 Jonishi, Chuo Ward,
Sapporo, Hokkaido

삿포로 시에 있는 사케와 위스키 전문점으로, '마실 수 있는 주류 판매점'이라는 독특한 콘셉트로 주목받고 있다. 본점은 삿포로 시 남구 마코마나이혼초^{真駒内本町}에 위치하는데, 약 60종의 사케와 100종 이상의 위스키를 보유하고 있으며, 3종의 시음 세트를 제공한다.

스스키노점은 쇼핑몰 내에 입점해 있어서 접근성이 좋다. 본점에는 못 미치지만 각종 주류와 함께 간단한 시음도 가능하다. 특히 선물 포장이 좋고, 어란과 치즈처럼 훗카이도 특산품 안주 구매도 가능하다.

갓 짜낸 우유를 만날
수 있는 곳

야마나카 데이리 팜
오타루 숍
Yamanaka Dairy Farm
Otaru Shop

1Chome-6-18 Ironai,
Otaru, Hokkaido

야마나카 데이리 팜은 우유, 아이스크림, 치즈, 요거트 등 신선한 유제품을 만날 수 있는 곳이다. 특히 홋카이도에서 직접 생산한 신선한 우유를 판매하기 때문에 품질이 뛰어나다.

점원에게 물어보니, 가장 인기 있는 메뉴는 소프트 아이스크림이다. 그 외에는 프레시 요거트, 카망베르 치즈, 푸딩 순으로 인기가 좋다고 한다. 작은 스탠딩 배너에 뭔가 100엔이라고 적혀 있기에 궁금했다.

"뭐가 100엔이에요?"

"우유 한 잔 가격이요. 오늘 짠 우유라서 엄청 신선하답니다."

바로 한 모금을 마셨다. 정말 고소하고 진한 우유의 맛! 근처에 산다면 매일 오전에 들러 출근하기 전에 한 잔 마시면 좋겠다.

홋카이도는 넓은 목초지에서 자연 방목한 소들이 건강하게 자라며 맑은 물과 신선한 풀을 먹기에 우유 품질이 우수할 수밖에 없다. 이곳에서는 호텔 조식으로 나오는 우유도 차원이 다르다.

우유는 한국으로 가져가기 어려우니 다른 유제품이 뭐가 있는지 둘러보는데, 마침 연유가 보인다. 빙수를 좋아하는 아빠에게 드릴 선물로 제격이다.

큐레이션이 다정한
시리베시 특산점

**북쪽의 백화,
시리베시야**

1Chome-1-5 Kita 3
Jonishi, Kutchan,
Abuta District,
Hokkaido

이 백화점은 원래 '마르셰 유키다루마'라는 상점이었는데, 2022년 12월에 현재의 이름인 '북쪽의 백화 시리베시야 北の百貨しりべしや'로 이름이 바뀌었다. 니세코 환경주식회사에서 운영하며, 시리베시 지역에서 생산된 농산물과 해산물 등 다양한 특산품을 판매한다.

상점의 큐레이션에는 다정함이 묻어난다. 채소가 있는 쇼케이스 위에는 계절마다 제철 채소를 달력으로 보여준다. 손글씨로 쓴 가격표까지 눈길을 끈다. 유제품 코너에는 홋카이도의 고품질 발효 버터부터 우유, 요거트, 치즈까지 다양하게 선보인다. 그중에서 '투아 베르 toit vert'라는 브랜드를 홋카이도에 방문하기 전부터 리스트에 올려두고 눈여겨보았는데, 여기에 진열되어 있어서 바로 장바구니에 담았다. 투아 베르는 녹색 지붕이라는 뜻으로, 홋카이도 현지의 우유로 치즈를 만드는 곳이다.

마트를 꼼꼼하게 둘러본 뒤 여러 유제품과 채소, 와인 한 병을 담았다. 장본 것으로 숙소에서 저녁과 아침 두 끼니를 근사하게 해결했다. 참고로 스키장이 많은 니세코 지역의 레스토랑은 여름철엔 평일 저녁 영업을 하지 않거나 쉬는 곳이 많아서 요리가 가능한 숙소를 찾는 것도 중요하다.

물 마시러 가는
두부집

와키미즈노사토
湧水の里

217-1 Yashiro, Makkari,
Abuta District,
Hokkaido

요테이 산 기슭, 깨끗한 지하수가 솟아나는 마을에 위치한 두부집이다. 천연 담반수로 고품질 두부를 만든다. 홋카이도산을 포함한 고급 대두를 사용하고, 방부제나 화학첨가물 없이 정직하게 만든 수제 두부이다. 매장에서 직접 만든 신선한 제품을 판매한다. 판매만 하기 때문에 아쉽게도 이곳에서 맛보기는 어렵다.

다양한 두부를 구매해 숙소에서 맛보았는데, 정말 부드럽고 고소해서 깜짝 놀랐다. 맛카리무라 真狩村는 미네랄이 풍부한 명수名水의 고장으로, 와카미즈노사토는 물맛 좋은 이 고장의 상징적인 존재 중 하나이다.

두부집 바로 옆에는 약수터가 있는데, 멀리서도 차를 끌고 와 물을 길어 간다. 빈 생수통에 물을 여러 병 담는 아저씨께 물어봤더니. 물맛이 아주 좋다며 엄지척을 세웠다. 이렇게 만난 것도 인연이라면서 물을 가득 채운 생수통을 선물로 하나 주셨다.

와키미즈노사토의 두부 / 맛카리무라 약수터 / 생수를 길어 가는 주민들.

편의점과 레스토랑 그 사이

세이코마트
Seicomart

1971년에 시작된 세이코마트는 일본에서 가장 오래된 편의점 체인 중 하나다. 홋카이도 삿포로시에 본사를 두고, 현재 약 1,100개 이상의 매장을 운영하는데, 전체 매장의 약 95%가 홋카이도에 집중되어 있다. 로컬 감성으로 홋카이도산 우유, 채소, 고기 등 지역 생산 식재료를 적극 판매한다. 또, 아이스크림, 요거트, 커피우유, 와인, 컵라면 등 PB 제품도 다양한데, 품질 대비 가격이 매우 저렴해서 인기가 많다.

또한 세이코마트는 핫 셰프 Hot Chef 코너로 유명하다. 점포 내에서 직접 조리한 따뜻한 도시락, 주먹밥, 튀김류 등을 바로 판매한다. 치킨 가쓰동, 가라아게, 카레라이스 등은 맛도 괜찮고 가격도 합리적이다. 홋카이도의 눈보라, 폭설 같은 혹독한 환경에서도 영업을 유지하는 곳이 많아 현지인들에게 사랑받는 곳이다. 지나가다가 출출할 때 들러보아도 좋고, 운전하다가 잠시 쉬면서 들리기도 좋다.

세이코마트의 핫 셰프 / 핫 셰프의 타르타르 치킨 카레.

오타루 유리 공예 거리

다이쇼 가라스 슈키구라
大正硝子 酒器蔵

3-17 Sakaimachi, Otaru, Hokkaido

오타루를 검색해보면, 운하와 더불어 꼭 등장하는 곳이 유리 공예 거리이다. 사카이마치 거리는 오타루의 번화가로 벽돌이나 석조로 지어진 역사적인 건물과 옛 민가를 개조한 상업 시설이 즐비해서 산책하기에 좋다. 유리 공예 거리도 이곳에 자리 잡고 있다. 바람이 불면, 유리 풍경이 부딪히는 소리가 맑고 아름답게 퍼진다. 이 소리에 혹해서 어느 가게든 들어가면 구매로 이어질 가능성이 상당히 크다.

여기서 가장 유명한 상점은 '기타이치 가라스 北一硝子'이다. 1901년에 석유 램프를 생산하는 회사로 시작해 유리 공예로 사업을 전환한 곳이다. 특히 3호점은 167개의 석유 램프가 점등되어 환상적인 분위기를 자아낸다. 스테인드 글라스도 예쁘다.

하지만 풍류를 아는 술꾼이라면 '다이쇼 가라스 슈키구라'로 가야 한다. 이곳은 다이쇼 시대의 복고적인 감성과 전통적인 일본 유리 공예를 현대적으로 재해석한 제품을 판매한다. 특히 술과 관련되는 주기酒器를 전문적으로 다룬다. 가게 이름인 '슈키구라'에서 슈키가 바로 '주기'를 뜻한다. 이름에서부터 느낌이 오지 않는가? 가격대는 아무래도 고급품을 다루는 곳이다 보니, 꽤 나가지만 제대로 된 잔을 구매할 수 있다. 일본

오타루 운하 거리.

공예 작가의 잔부터 바카라, 라리크처럼 프리미엄 크리스털 웨어 브랜드의 글라스까지 모두 만날 수 있다. 나는 여기에서 이전에 도쿄 소키치에서 구매한 짝이 없는 잔을 한 개 더 구매했다. 다른 곳은 갈 필요가 없었다.

다이쇼 가라스 슈키구라 / 기카쓰 가라스 / 아름다운 글라스들.

렉서스가 선택한
공예 작가,
기무라 나오키

킴 글라스 디자인
KIM GLASS DESIGN

3Chome-8 8番地
Shukutsu, Otaru,
Hokkaido

점심 식사를 마치고 무작정 걷기 시작했다. 바닷가를 따라서 걷다 보니, 작은 고기잡이 배들이 보이고, 근처에는 그물 작업을 한 흔적들이 눈에 띈다. 이런저런 풍경들을 감상하며 조금 더 걸었다. 길 끝에 유리 공예 공방으로 추정되는 작은 건물이 보이기에 용기를 내서 들어갔다.

공방 좌측에는 뜨거운 유리 가마가 있고, 작업이 한창이었다. 긴 막대기 끝에 가열된 유리를 굴리며 모양을 잡아가는 중이다. 우측에는 쇼룸이 보인다. 심플한 진열대 위에는 유리 공예 작품들이 은은한 조명을 받으며 빛나고 있다. 한쪽에는 바이어로 추정되는 이들이 두런두런 질문을 하고, 리스트에 체크를 해가며 발주를 하고 있다. 천천히 둘러보는데, 견습생으로 보이는 젊은 여성이 다가와 말을 걸었다.

"더 가까이에서 보셔도 됩니다."
"아름다운 공예 작품이에요. 구매도 가능해요?"
"그럼요, 가능하지요. 마침 작가님도 계세요."

알고 보니 바이어에게 답변하고 있던 남성이 기무라 나오키木村直樹 작가였다. 일본 전격에서 뛰어난 공예 기술을 가진 장인을 발굴하고 지원하는 '렉서스 뉴 타쿠미 프로젝트LEXUS NEW TAKUMI PROJECT'에 2017년 홋카이도를 대표하는 공예가로 선정되었다고 한다.

그는 1984년생으로 2011년에 자신의 공방인 '킴 글라스 디자인'을 설립했다. 2014년에는 미국 시애틀의 필척 글라스 스쿨에서 기술을 연마하고, 현재는 오타루 지역의 전통 유리 공예를 현대적으로 해석한 작품을 창작하고 있다. 2016년 '일본현대공예미술전'에서 '현대공예상'을 수상하며 일본 전국에 알려지게 되었다.

기무라 나오키의 공방 밖 풍경.

기무라 나오키 작가와 그의 시그니처 그릇들.

쇼룸에 전시된 여러 작품 중에 가장 먼저 눈에 들어온 것은 옥색에서 검정색까지 그러데이션을 그리는 유리 그릇 시리즈였다. 도자기와 유리 사이의 어딘가로 느껴지는 빛과 질감으로, 깊은 바다를 표현한 것 같았다.

"이 작품이 마음에 드는데요? 제가 가진 도쿠리와 잘 어울릴 것 같아요."

"오, 잘 고르셨네요. 작가님의 대표적인 작품인 쿠키鰊萊 시리즈예요."

쿠키는 청어가 산란하는 바다의 빛을 표현한 작품이라고 했다. 녹색과 푸른색의 조화를 통해 물결치는 바다의 반짝임을 형상화했다고 한다. 작가는 홋카이도의 자연에서 영감을 얻은 이야기를 재구성해 작업하는데, 주로 바다, 얼음, 겨울 풍경을 다룬다고 덧붙였다.

그녀는 곧이어 다른 쪽 선반에 놓인 잔을 가리키며 "하스하고리蓮葉라는 작품이에요. 겨울철 오타루 운하 위를 떠다니는 부서진 얼음 조각에서 영감을 받았다고 해요"라고 소개했다. 짙푸른 유리를 활용해 차가운 겨울 풍경을 우아하게 표현했다.

드디어 바이어와 이야기를 마친 작가에게 인사하고, 구매한 그릇 바닥에 사인을 받았다. 이런 운명적인 만남이란! 앞으로 사케를 이 잔으로 마시며, 그와 나눈 이야기를 술안주로 삼아야겠다.

미쓰코시 백화점의 크리스털 큐레이션

삿포로 미쓰코시 백화점
札幌三越

3 Chome-8, Minami 1 Jonishi, Chuo Ward, Sapporo, Hokkaido

여행의 즐거움 중 하나는 쇼핑이다. 삿포로에서 여러 가지를 한 번에, 가장 효율적으로 쇼핑할 수 있는 곳이 바로 미쓰코시 백화점이다. 패션 편집숍도 꽤 있고, 도쿄 중심가에 있을 법한 브랜드도 대부분 입점해 있어서 구경할 겸 둘러보기 좋다. 특히 한정판 제품의 경우는 의외로 마지막 피스가 남아 있을 가능성도 있기에 패션 피플들은 꼭 들르는 곳이기도 하다.

내가 가장 좋아하는 코너는 크리스털 웨어 코너이다. 프랑스를 대표하는 명품 크리스털 브랜드 바카라 매장에서는 한국보다 저렴한 가격에 좋은 제품을 만날 수 있어 꼭 방문한다.

일본을 대표하는 크리스털 웨어 브랜드인 카가미カガミ의 여러 라인들도 감상할 수 있다. 일본 전통 공예 기술, 특히 전통적인 일본 컷팅 기법인 에도키리코와 유리 표면에 컬러 레이어를 추가한 사쓰마키리코 기술을 현대적인 감각으로 재해석한 제품을 선보인다. 정교한 컷팅과 패턴이 특징으로, 물만 담아서 바라만 봐도 독창적인 예술 작품처럼 느껴진다.

지하 식품관에서 와인과 위스키를 구경하고 홋카이도 특산품을 싹 훑어보면 선물 고민도 끝이다. 숙소가 근처라면, 마감 세일을 노려보는 것도 좋다.

미쓰코시 백화점의 크리스털 큐레이션.

세컨드핸즈 숍에서 만나는 바카라 크리스털

2nd STREET

28 Chome-1-5, Kita 3 Jonishi, Chuo Ward, Sapporo, Hokkaido

일본의 중고 시장은 2022년 기준 약 2.9조 엔 규모라고 한다. 최근 우리나라도 중고 시장이 매년 커지고 있는데, 여러 면에서 일본의 시장을 많이 참고하고 있다. 일본의 세컨드핸즈 숍 중에 가장 규모가 큰 '2nd STREET'를 찾았다. 2nd STREET는 일본의 대표적인 중고품 매장 체인으로, 의류, 가방, 신발, 액세서리, 가전제품, 가구 등 다양한 중고 상품을 매입하고 판매한다.

매장에 들어서면 일단 상품 규모에 압도당할 수 있는데, 이때 좋은 방법이 있다. 유리로 된 쇼케이스부터 한 바퀴 도는 것! 고가의 브랜드 제품들이 이곳에 진열되어 있기 때문에 요약본처럼 보기 좋다. 시간 여유가 있다면 식기 쪽을 조금 더 둘러보아도 좋다. 일본의 도자기 브랜드인 노리다케부터 웨지우드 등 다양한 제품들이 말끔한 상태로 진열되어 있다.

나는 여기서 빈티지 노리다케의 한정판 그릇을 900엔, 바카라 글라스를 3,700엔에 샀다. 계산할 때 깨끗한 박스까지 꺼내줘서 꽤 감동했다. 다시 만나기 어렵기 때문에 마음에 드는 제품을 발견하면 망설이지 말고 즉시 구매할 것! 그것이 바로 중고 시장의 베스트 팁이다.

2nd STREET에서 만난 바카라 크리스털과 노리다케 제품들.

주말에는 오도리 공원에서 페스티벌을 즐기자

오도리 공원
大通公園

Odori Nishi, Chuo Ward,
Sapporo, Hokkaido

요이치에서 충분히 시간을 보낸 뒤, 주말에는 삿포로로 왔다. 산지에서 만난 자연과 생산자의 이야기는 새롭고 즐거웠지만, 시티걸은 도시가 또 그립다. 공원에서 산책도 하고, 시내 구경도 하려고 오도리 공원 근처에 숙소를 잡았다.

로얄 파크 캔버스 삿포로 오도리 파크. 이 호텔은 여러 모로 장점이 많은데, 우선 공원 뷰라는 점이 가장 마음에 든다. 옥상에 올라가면 삿포로 TV 타워도 보이는데, 매일 아침 이 옥상에서 진행하는 요가 프로그램도 있다. 여행 내내 먹고 마시는 데 힘쓰다 보니, 몸이 무거웠던 참이라 잘됐다 싶다. 요가 프로그램을 신청하고 아침에 루프탑으로 올라가니, 날이 흐려서인지 신청자가 나뿐이었다. 일대일로 선생님과 요가 수업을 하고, 1층에서 제철 식재료로 만든 조식을 먹었다. 든든한 마음으로 드디어, 공원을 거닐어보기로 했다.

오도리 공원은 삿포로의 중심부에 있는 대표 공원으로, 도시 한가운데에서 녹지를 즐길 수 있다. 삿포로 역과 스스키노 사이를 가로지르는 이 공원은 길이 약 1.5킬로미터로, 시내를 골목골목 구경하다 보면 한 번은 공원을 가로지르게 된다. 앞서 소개했던 대로, 삿포로 시내는 구획이 반듯하게 나뉘어 있어서 길을 찾기 쉽다. 오도리 공원의 이름의 '오도리'도 '넓은 대로'라는 의미이다. 이 지역은 1871년 메이지 정부가 삿포로를 도시화하면서, 화재 예방을 위해 넓은 대로를 조성하고 주변 지역과 떨어뜨려 화재의 확산을 막는 방화대 역할을 했다. 그래서 지금도 오도리 공원을 중심으로 삿포로 시가지를 동서로 나눌 수 있다. 1909년에 정식으로 공원으로 지정되면서 녹지와 분수, 조경이 조성되었다. 최근에는 삿포로 시민들의 쉼터이자 계절별로 다양한 축제가 열리는 명소가 되었다.

오도리 공원의 끝자락인 삿포로 TV 타워에서부터 쭉 걷기로 했다. 흰색 천막을 친 부스가 보였다. 현수막에는 '일본 행잉 바스켓 협회 Japan Hanging Basket Society'라고 적혀 있다. 작은 백팩에 햇빛을 가릴 수 있는 모자를 쓰고 나온 어머니들이 많이 모여 있다. 일본에서는 행잉 바스켓에 대한 관심이 높아 라이프 스타일 매거진과 편집숍, 에어비앤비 등 다양한 곳에서 행잉 식물을 쉽게 만날 수 있다. 행잉 바스켓 협회의 홋카이도 지부 행사인데, 마침 행잉 바스켓 콘테스트를 열고 있었다. 행잉 바스켓의 미적 가치와 가드닝 기술을 널리 알리려는 취지였다. 조금 더 들어가보니, 각종 화원의 부스들이 보였다. 작은 꽃 화분이 단돈 80엔부터 500엔까지 저렴했다. 마음만 먹으면 큰돈 없이도 나만의 파라다이스를 꾸밀 수 있을 듯했다.

횡단보도를 하나 건넜다. 이번에는 홋카이도 술과 음식을 만날 수 있는 마르셰가 열리고 있었다. '홋카이도 술과 음식의 맛있는 마르셰 北海道 お酒と 食のおいしいマルシェ'로 지역의 여러 맥주 양조장과 증류소가 참여한 행사다. 부스와 식사하는 공간이 얼마나 정갈한지 야외 행사라고 보기 어려울 정도로 깔끔했다. 오는 손님들도 각양각색이다. 동네에 마실 나온 어머니, 친구들과 웃고 떠드는 이십 대 젊은이들, 아이를 안고 음식 줄을 기다리는 아빠… 지역민들이 즐기는 축제였다. 지역 맥주에 오니기리를 하나 주문하고, 이곳 주민처럼 잠시 호흡을 가다듬었다.

3월의 오도리 공원과 군고구마 트럭.
8월의 오도리 공원.

올해 3월에 다시 오도리 공원을 방문했을 때는 아직 눈이 많이 쌓여 있었다. 밤이 되니 군고구마 트럭이 출몰했는데, 달콤하고 따뜻한 냄새가 발걸음을 붙잡는다. 우리 일행도 한 봉지를 사서 나눠 먹으며 눈길을 헤쳐나갔다.

아름다운 공원은 물론이고 다양한 콘텐츠로 볼거리가 많아서 삿포로 시민이 부러웠다. 삿포로를 방문할 계획이 있다면, 꼭 홋카이도 관광청에 들어가서 방문하는 기간 동안 특별한 이벤트가 있는지 체크해보면 좋을 듯하다. 보통 7월 중순부터 8월 말까지가 가장 방문객이 많기 때문에, 이 시기에 대부분의 축제가 밀집되어 있다.

페스티벌이 열리고 있는 오도리 공원.

삿포로의 대표적인 축제

- **눈 축제** 매년 2월 초. 대규모 얼음 조각과 눈 조각 작품 전시, 야간 조명쇼가 열리는 일본 최대 규모의 겨울 축제다. 전 세계에서 관광객이 몰려든다.

- **삿포로 라일락 축제** 5월 중순. 삿포로 시의 공식 꽃인 라일락이 만개하는 시기에 열리는 봄맞이 축제다. 음악 공연, 차 시음회, 라일락 묘목 무료 배포 등의 이벤트가 진행된다.

- **오도리 비어가든** 매년 7월 중순~8월 중순. 오도리 공원 주변으로 약 1.5킬로미터에 걸쳐 열리는 일본 최대 규모의 비어가든. 일본뿐 아니라 세계 맥주와 향토 음식이 소개된다.

- **다누키 마쓰리** 7월 19일~8월 16일. 다누키코지 상점가에서 열리는 축제다.

- **스스키노 축제** 8월 1일~3일. 스스키노 지역에서 열리는 축제다. 다양한 퍼레이드와 이벤트가 진행된다.

- **홋카이 봉오도리** 8월 11일~16일. 전통춤인 봉오도리를 즐길 수 있는 행사다. 지역 주민과 관광객이 함께 어우러져 춤을 추며 여름밤을 만끽할 수 있다.

- **삿포로 오텀 페스트** 9월~10월 초. 홋카이도의 특산물과 미식을 한자리에서 맛볼 수 있는 음식 축제다. 각 지역의 특산 요리와 신선한 해산물, 와인과 사케 등을 즐길 수 있다.